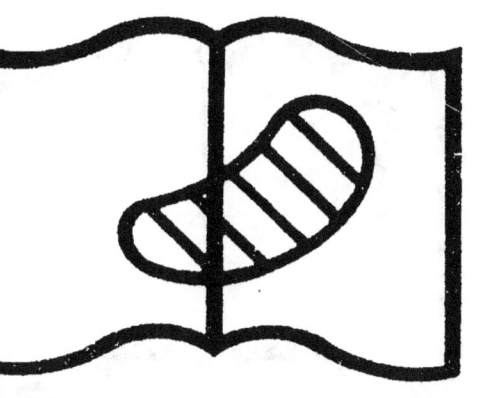

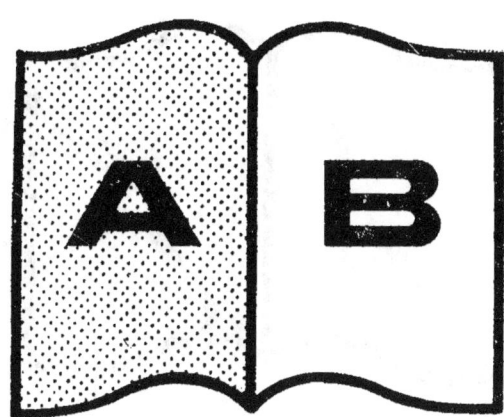

Illisibilité partielle

Contraste insuffisant
NF Z 43-120-14

Valable pour tout ou partie
du document reproduit

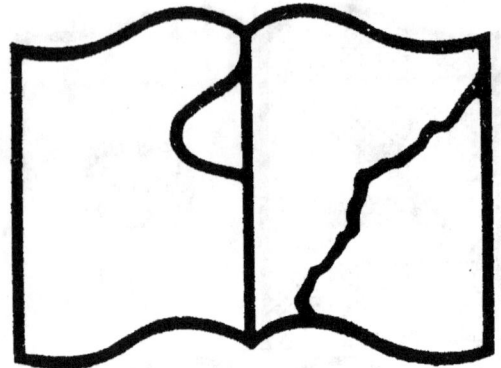

Texte détérioré
Marge(s) coupée(s)

Absence de pagination
ou de foliotation

Valable pour tout ou partie
du document reproduit

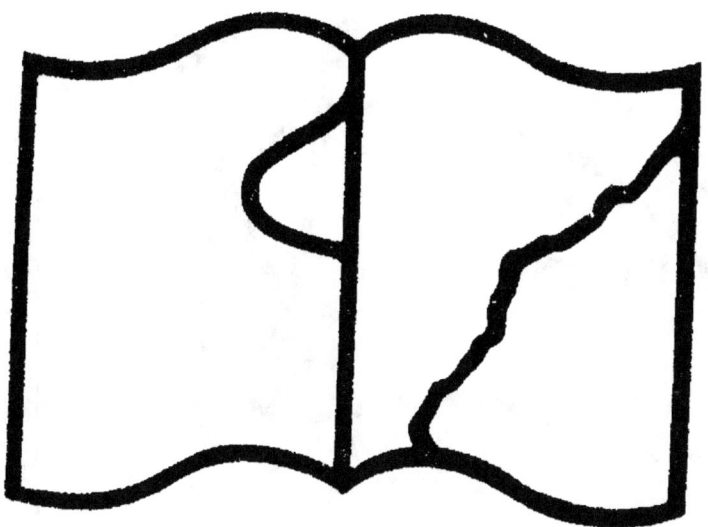

Couvertures supérieure et inférieure
détériorées

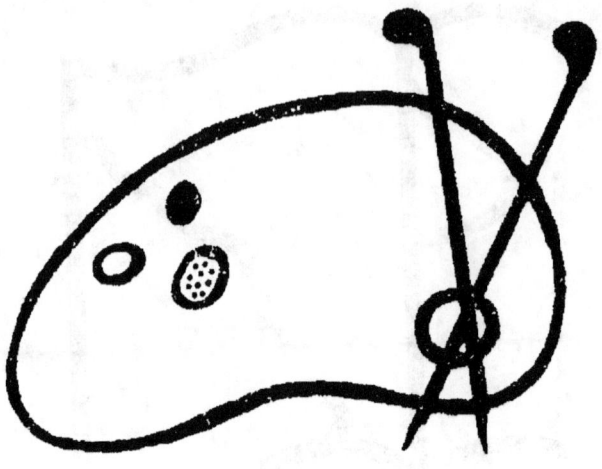

Original en couleur

NF Z 43-120-8

8º Z
8429

ORIGINE

DU

MOT COCU

ORIGINE

DU

MOT COCU

CONSIDÉRATIONS

HISTORIQUES ET PSYCHOLOGIQUES

SUR

LE COCUAGE

1896
RAOUL MARCHAND
IMPRIMEUR ÉDITEUR
69, rue Rochechouart, 69
PARIS

ORIGINE DU MOT COCU

CONSIDÉRATIONS HISTORIQUES ET PSYCHOLOGIQUES SUR

LE COCUAGE

> Dans cet opuscule, ou il y a un peu de moi et beaucoup des autres, je me suis entièrement détaché du sot préjugé de la supériorité de l'homme et de l'infériorité de la femme.
>
> Dʳ E. Delthil

Mes chers Camarades,

l est de tradition de terminer par une causerie les banquets où, avec une liberté exempte de contrainte et en reprenant le tutoiement d'autrefois, nous venons évoquer les meilleurs chapitres de l'histoire de notre enfance.

C'est grâce à cette intéressante coutume, que les annales de notre Société comptent de graves dissertations, des légendes curieuses, voire même des récits piquants et badins. — Mais faut-il le dire ? Il semble que d'ordinaire ce soient ces derniers récits que nous écoutions avec le plus de recueillement.

C'est ainsi que notre Président, un lettré très fin et plein de tact, nous a lu sa curieuse légende de la *Tarasque vendômoise* qu'il fait remonter à une époque bien antérieure à celle de Tarascon ; aussi les Provençaux sont-ils tellement furieux qu'ils ont insinué que, sans aucun doute, une Cigale avait dû s'égarer en Vendômois.

Les voilà bien ces gens du Pays de l'aïoli, tartarins exubérants, au geste désordonné, à la parole emphatique et débordante, qui prétendent nous avoir conquis, comme si leur Maître à tous n'était pas notre Ronsard, l'*Apollon du Vendômois*.

Nous devons encore à notre Président une savante analyse des mémoires fort curieux de Mr de Vasson, ancien élève du collège des Oratoriens de Vendôme, au temps de Balzac et de Dufaure.

Un *camarade* qui taquine agréablement la muse, nous a donné la primeur d'une poésie délicate et fin de Siècle « *Les dessous féminins* » dans laquelle vantant les mérites du *bas noir*, il a dû faire regretter à Sarah-Brown, nimbée dans la nudité de sa chair radieuse au bal des *Quat-z-Arts*, de n'en point avoir eu la jambe auréolée, en cette nuit mémorable.

Un Magistrat nous a raconté par le menu et avec les gestes à l'appui, la *Légende de Saint Greluchon*, le saint homme, que les femmes stériles allaient implorer à St Oustrille de Montoire.(Les temps sont bien changés, car aujourd'hui la femme va plutôt consulter la matrone, disciple de Malthus.) J'entendais dire par un labadens enthousiasmé des sous-entendus piquants de cette pieuse homélie, qu'elle serait écoutée avec un intérêt soutenu par les plus graves personnages et par le Sénateur Bérenger lui-même dont la pudeur pourtant est si fort ombrageuse, qu'elle a laissé dire aux méchantes langues que chez lui « *Friget Venus* ».

Un officier ministériel, critique impitoyable, nous a fort amusés avec sa satire pleine de verve et d'humour contre le bureau de notre association.

Oh nos maîtres ! voilà bien le fruit de vos sévères leçons !

A moi ce soir est échu le périlleux honneur de vous faire la causerie d'usage. Que vous dirais-je que vous ne sachiez déjà, vous tous férus d'humanités !

Voyez mon embarras !.. il faut cependant m'exécuter !.. Poursuivrais-je la tradition indiquée par SAINTE-BEUVE, quand il prétend que les hommes qui se groupent en des banquets sont toujours disposés au dessert à discourir sur l'*Immortalité de l'âme* ;... ou bien ne vaudrait-il pas mieux reprendre une question effleurée par un concile célèbre, mais qu'il n'a pas résolue : « *l'âme a-t-elle un sexe* ». je vous ferais alors remarquer qu'un autre concile avait décrété que « *la femme n'avait pas d'âme* », d'où par un syllogisme rigoureux, je serais amené à cette conclusion fort attristante d'ailleurs, que dans l'Eden aux joies séraphiques, nous ne devons pas nous attendre à rencontrer d'âme-sœur.

Mais j'ai craint, en argumentant sur ces vénérables questions de haute philosophie et en vous entretenant des béatitudes de la vie future, de vous plonger dans la douce somnolence des fins de repas, somnolence réprouvée par les arrêts de la docte faculté. Je m'incline devant Hippocrate, et j'ai dû chercher un thème ayant un peu plus d'actualité.

Vous proposerais-je de traiter de la faillite de la Science,.. ou mieux de rechercher si Boulanger fut un grand général et si Sarcey est un grand écrivain,.. ou tenez-vous plutôt à savoir si l'on fait toujours du vin avec des raisins et des livres avec des idées ?

Vous me paraissez sans enthousiasme !.. alors.. passons !

ANCIENNETÉ DU COCUAGE

Eh bien, puisque nous devons surtout évoquer ici la poésie pénétrante ! ! ! ! des souvenirs scolaires ! ! ! j'ai pensé qu'il serait de circonstance de défricher en commun un coin, peut-être intentionnellement négligé par nos maîtres, de l'aride *jardin des racines grecques* de Lancelot, que vos anciens ont si âprement pioché.

Réparons donc cette lacune si vous le voulez bien en recherchant l'étymologie d'un mot qui sert à qualifier une infortune si répandue en tous lieux, que la renommée, cette grande causeuse, en bavarde un peu partout, excepté en *Loir-et-Cher*.

C'est sans doute la raison pour laquelle nos professeurs, gens fort avisés, ne nous en ont point entretenus.

Mais nous y voilà, je veux parler du mot COCU, locution servant, vous le savez, à qualifier une classe fort intéressante de maris.

La convoitise qu'inspire la femme des autres remonte bien haut car le *cocuage* est né avec le genre humain ; la première et la plus lamentable victime, si l'on s'en réfère au texte sacré de la Genèse, serait le premier homme. Aussi quand la foi conjugale est violée, voyons-nous certains adultères chercher à excuser leurs défaillances en invoquant l'atavisme fatal.

Les poètes CHARLEVAL et SARRASIN, prétendent que c'est le Diable en personne qui aurait orné la tête d'Adam de la ramure cocualique. — Je sais bien que le Diable ne fut jamais un parfait galant homme, et qu'Ève était faible, mais par St Joseph !.. je crois à l'intervention d'un autre personnage aussi.. glissons car je vois poindre l'inceste !

OPINION DES MORALISTES ET DES ÉRUDITS
SUR LE COCUAGE

Le cocuage, en dépit des moralistes, sera toujours d'actualité et après avoir égayé la littérature légère de l'ancienne France, il reste le pourvoyeur attitré de la gaieté française et il est encore de nos jours la Providence des théâtres dont il fait la fortune... Supprimez le cocuage, le vaudeville est mort ?.. Il mérite donc, de ce chef, que l'on passe en revue l'opinion des philosophes et des érudits qui ont disserté sur ce malheur conjugal.

Au cours de cette étude, nous glanerons un peu partout dans les auteurs et pour confirmer nos assertions, nous avons fait appel à Rabelais, à Montaigne, à Molière, à La Fontaine, à Bocace, à Chamfort, à Voltaire, à Diderot, à Balzac, à Alexandre Dumas et à tutti quanti, nous ferons même quelques emprunts à la chanson ancienne ; n'est-elle pas en effet un des meilleurs historiens des époques lointaines et ne dégage-t-elle pas parfois un sens philosophique des plus profonds, peu comparable aux inepties des chansons de café concert de nos jours qui se complaisent dans l'abject.

Parmi les savants qui ont écrit sur ce sujet, et auxquels nous avons fait des emprunts, nous signalerons tout particulièrement deux Blésois, Eloy Johanneau et de Petigny, membre de l'Académie des Sciences, qui nous ont donné des monographies fort documentées sur cette intéressante question. Vous n'en serez point étonnés, car notre pays est fécond en personnages marquants dans toutes les branches du savoir humain.

Mais voici Molière; saluons ce Maître inimitable qui avec tant d'esprit et d'à propos a fait le plus fréquent usage du mot *Cocu*, sans doute parce qu'il l'était lui-même et sans compter; aussi enseigne-t-il aux autres la seule recette pour ne point le devenir:

« Ne vous mariez pas en est le vrai moyen »

Ninon de Lenclos, de galante mémoire, nous avait déjà fait entrevoir les risques du mariage quand elle disait : « Le mariage est la loterie des *cocus* ; c'est un sac contenant neuf serpents contre une anguille, tirez maintenant si vous l'osez ! »

Et ce bon La Fontaine renchérissant :

« Je fus forcé par mon destin, »
« De reconnaître *Cocuage* »
« Pour un des dieux du mariage. »

Dans un autre passage le bonhomme prétend que ce n'est point un deshonneur.

« Apprenez qu'à Paris, ce n'est pas comme à Rome, »
« Le cocu qui s'afflige y passe pour un sot, »
« Et le cocu qui rit pour un fort honnête homme. »

Et s'il faut en croire Voltaire, la condition de *cocu* n'est point si fâcheuse, car il fait dire à son héros : « Je me mariai, je fus cocu et je vis que c'était l'état le plus doux de la vie ».

Pour Diderot, l'infidélité de la femme comme l'incrédulité du Prêtre est la pire des forfaitures humaines. Opinion sévère mais juste.

Richelet, prend soin de prémunir les gens âgés contre cette éventualité.

« Quiconque a soixante ans vécu
« Et jeune fille épousera,
« S'il est galeux se grattera
« Avec les ongles d'un cocu. »

Voilà de la part d'un grammairien une méditation philosophique d'une suggestive et troublante éloquence.

Villon, dans ses « franches repues », soutient que c'est chose fort commune :

« Et vous pourriez ouïr comment un grand tas de vieilles commères savent bien treuver les manières de faire leurs maris coqus. »

Brantôme, chroniqueur toujours galant avec les dames, les excuse cyniquement :

« Encore faut-il estimer celles qui élèvent aussi leurs maris en biens, en les rendant coqus tout ensemble. »

Et Santeul d'ajouter : « Peu en meurent et beaucoup en vivent ».

Il est trop certain, hélas, que beaucoup de maris ne rougissent pas de tirer revenu de leur déshonneur, sans cependant aller aussi loin que le marquis de Marigny, ce frère sans scrupule de la Pompadour, qui osa faire peindre sur les portières de son carrosse une paire de cornes en guise *d'armes parlantes*, ou que ce cadet de famille qui ayant une fort belle femme, mais sans avoir de bien, faisait pourtant bonne chère, sans s'informer d'où venait cette abondance ; sa femme, fort économe ayant diminué peu à peu l'ordinaire et retranché si bien qu'elle réduisit un jour le menu à un couple d'œufs, la patience échappa enfin au mari qui prit les œufs et les lançant contre la muraille s'écria : « *Est-ce la, Madame, le dîner d'un cocu ?* »

Desperriers, dès le seizième siècle, nous invite à accepter en philosophe cet outrage quand il dit :

« Parfois l'on digère aisément les pilules du cocuage. »

Ne trouvez-vous pas que c'est tout au contraire un plat très amer, d'une digestion fort pénible ?

J'hésite à vous donner l'appréciation d'un conquérant célèbre, tant elle est fausse et outrageante et tant aussi son mépris de la femme diminue ce grand capitaine.

En plein Conseil d'État, alors que l'on discutait la loi du Divorce, Napoléon s'écriait : « Eh Messieurs, l'adultère n'est qu'une question de canapé ! »

Selon Balzac, dans le mariage, tout est plaisir pour les amis du mari et ennuis pour ce dernier.

Béranger, qui a chanté la gloire et l'amour, écrit :
« Les maris me font toujours rire. »

Ce doux barde à la longue lévite, pensait que l'amour préside rarement au mariage et que d'ailleurs s'il y survit, c'est d'une façon bien éphémère.

Alexandre Dumas, dans l'Étrangère, s'étonne du grand nombre de mariages malheureux, alors que l'amour déborde sur terre. — C'est, dit-il, que le mariage est une combinaison sociale qui relève de la Chimie, puisque celle-ci traite de l'action des corps les uns sur les autres ; aussi quand vous associez deux éléments sans affinité, vous ne constatez que des inerties.

Mais laissons de côté tous ces papottages de conquérants, de philosophes, d'envieux, sans doute de gens mariés, peut-être de *cocus*, car nous ferions croire que les fins du mariage se résument : *à l'être ou à ne pas l'être ?*.. et nous finirions par enlever toute espérance de bonheur aux jeunes mariés, en dissipant le nuage rose de la lune de miel, qui leur masque les visions cornées de l'au-delà.

N'imitons pas ces astronomes qui n'étudient le soleil que pour y voir des taches ; arrivons à l'origine de la locution qui sert à désigner les victimes du mariage et qui a fourni si ample matière aux travaux des érudits de tous les temps.

ÉTYMOLOGIE DU MOT COCU
UN MOT BIEN FRANÇAIS
LE JAUNE LIVRÉE DU COCUAGE

L'opinion la plus accréditée, bien qu'elle soit contestable, est que le qualificatif COCU est tiré de *Coucou (Cuculus canorus* de Linné *)*, oiseau dont le chant en reproduit euphoniquement les deux syllabes.

C'est un fait avéré que le Coucou est un parasite qui a l'habitude d'aller pondre dans le nid des autres. ARISTOTE avait déjà signalé cette particularité. PLINE la confirme, *(de Cuculo,)* et Mr de BUFFON lui-même nous apprend qu'il a fait dix expériences qui démontrent pleinement l'exactitude de cette assertion. J'oserai toutefois faire remarquer très humblement à ces hautes autorités que c'est la femelle qui pond et non le mâle.

Mais n'est-il pas encore au moins singulier, si cette origine est la vraie, que l'on ait gratifié du nom de *Cocu* le mari trompé ; cela n'est admissible que par une antithèse absolument injuste, car bien loin d'aller pondre dans le nid d'autrui, ce sont au contraire les autres qui viennent pondre dans le sien.

Le Jurisconsulte ETIENNE PASQUIER, estime que nous faisons une faute quand nous appelons *cocu* celui dont la femme « va en dommage » il y aurait plus de raison d'attribuer ce nom « à celui qui agit et non à celui qui pâtit ».

CHAMFORT, proteste hautement contre cet étrange

et inqualifiable contre-sens en disant que « l'adultère est une faillite avec cette différence que c'est celui à qui l'on fait banqueroute qui est déshonoré. »

« Cocu ! ! !, s'écrie avec une vertueuse indignation, « un estimable savant, WACHTER, cocu ! ! ! ... aban-« donnons ce mot insensé, exprimant une chose qui « ne l'est guère moins : quoi de plus indigne que de « voir un honnête homme tourné en ridicule pour « une faute qui n'est pas la sienne. »

Mais je ne saurais relever trop vertement la prétention exorbitante d'un homme d'église, du sieur BÉROALDE, seigneur de VIERVILLE, chanoine de Tours, s'il vous plait, de réhabiliter le cocuage, ce phylloxera du mariage, au point d'en faire un acte de dévouement conjugal.

« Souventes fois, dit-il, les femmes trompent leurs maris par amour, ce dont il faut les louer, voulant ménager leurs époux ; de peur de les user trop vite, elles vont à d'autres. » On voit bien que ce pieux célibataire n'avait cure des maternités parasites, conséquence fâcheuse et fort onéreuse du bavardage... illégitime, et qu'il s'en tenait sur ce point à l'aphorisme de droit : « *Is pater est quem nuptiæ demonstrant* ». Etrange et dangereux aphorisme, qui n'est trop souvent hélas qu'une contre-vérité.

Et pourtant quelle réprobation injuste et cruelle enveloppe le cocu et le traîne meurtri devant la risée et le mépris de la foule qui le persécute, alors que c'est très souvent un innocent qui supporte le poids et les charges de fautes par les autres commises. Ce calomnié est parfois un sage, doux, patient et résigné ; on en voit même de fidèles qui sont capables d'affections tellement surprenantes qu'elles les disposent au pardon.

Je sais bien que le cocuage trouble moins qu'on

ne le pense l'harmonie des ménages, car n'est-il pas universellement tenu pour démontré que le mariage confère une *myopie spéciale*, que le mari berné est le dernier à s'apercevoir des dommages que lui cause sa femme et que ce sont d'ordinaire ses amis ou ses voisins les premiers instruits.

Pour certains en effet, leur malheur se consommerait en plein midi qu'ils n'y verraient goutte ; citons un exemple :

La femme délaissée d'un savant, se consolait avec un galant qui un soir s'attarda. L'époux étant rentré inopinément, l'amant s'échappe précipitamment par la fenêtre, grimpe sur les toits, se laisse glisser dans une cheminée et tombe, couvert de suie, devinez où ? dans la chambre même du mari ébahi. — Pitié, Monsieur, s'écrie-t-il d'un ton suppliant.. — Inutile d'en dire davantage, reprend le savant, j'ai compris, vous venez d'être pris en train d'en conter à quelque femme sensible... Mais je veux vous sauver, allons, surtout pas de bruit, car je ne voudrais pas que ma femme put croire que je prête la main à de pareilles fredaines !... heureusement elle dort ? — et traversant la chambre de celle-ci, avec force précautions, il le reconduisit au bas de l'escalier.

Revenons au fait. Il est admissible que, par un touchant esprit de charité, nos ancêtres voulant éclairer le mari trompé, s'imaginèrent de pousser derrière lui le *cri du coucou*, pour l'inviter délicatement à se garder des amis de contrebande, allant faire leurs dévotions cupidonesques dans le temple réservé à lui seul.

Avec le temps, en voyant les maris si fréquemment salués par le cri symbolique du coucou, car les *cocus* sont légion, on s'est habitué à leur donner l'épithète de *coucous*, puis par contraction de *coux* et enfin de *cocus*.

Cette identité du mot *coucou* et *cocu* est particulièrement mise en relief dans un vieux rondeau, dont la piquante naïveté et le rhythme élégant rappellent les poésies des maîtres de la gaie science :

« Les coucous sont gras,
« Mais on n'en tue guère ;
« Les coucous sont gras,
« Mais on n'en tue pas.
« La crainte qu'on a
« *De tuer son père* ;
« La crainte qu'on a
« Fait qu'on n'en tue guère ;
« La crainte qu'on a
« Fait qu'on n'en tue pas. »

D'autres commentateurs font dériver *cocu* de *cucurbita*, courge ou citrouille.

On rencontre dans le *livre des fiefs*, un passage qui semble justifier cette assertion, (*si fidelis cucurbitaverit dominum*), si un vassal fait son seigneur cocu.

Menage, dans ses origines de la langue française, tient pour cette étymologie parce qu'il regarde les *cocus* comme des sots et parce que l'on dit d'eux qu'ils ont une tête de citrouille. Ignorait-il donc que nombre de grands hommes l'ont été, le sont et le seront encore ?

On alléguait surtout en faveur de cette opinion qu'au moyen âge, le *jaune*, couleur de la citrouille, était la marque de la félonie, du déshonneur, de la bassesse et du mépris. Le bourreau barbouillait de jaune la maison du criminel de lèse-majesté ; c'était la couleur du costume des laquais et des bouffons ; on en fit même le symbole de la prostitution et de ses auxiliaires. Rien donc d'étonnant que le *jaune soit devenu la livrée des maris* notoirement victimes de l'infidélité conjugale.

Aussi dit Mr Lebert, faudrait-il être habile comme d'Hozier et menteur comme un généalogiste, pour tirer de cette couleur des titres de noblesse. Enfin on prétend que l'usage alimentaire de la citrouille engendre la frigidité.

L'érudit Du Cange, donne une autre version :

Il fait remarquer que dans les textes anciens, et en particulier dans St Isidore, Evêque de Séville, on rencontre les mots *Cogus*, *Cujus*, *Cucutius* et *Cucus* pour qualifier le *cocu* ; il en induit que ce mot n'est qu'une contraction du mot *conjux*, — Pour lui cocu et mari seraient synonymes ; grossière insolence qui ne saurait atteindre les élèves de notre vieux collège qui n'épousent que des mascottes gracieuses et séduisantes, mais encore capables de défendre le gynecée en véritables Lucrèces.

L'historien de Mézeray, prétend que *cocu* vient de *coup*, parce qu'il est fait mention dans un manuscrit du temps de Charles VI, d'une vieille sorcière qui mettait la division dans les ménages en disant : « ton mari t'a fait *coup* ». Il est vrai que dans certaines provinces *coupeau* est encore synonyme de *cocu*.

Des auteurs assez nombreux pensent que ce mot pourrait bien dériver de *coquus*, maître-queux, le rôle du cuisinier, se bornant à préparer de fins dîners destinés à être mangés par d'autres.

Enfin beaucoup de chercheurs, et de Pétigny en particulier, conjecturent fort ingénieusement que c'est le *coq*, ce volatile cher aux gourmets et l'emblême du Dieu Esculape et de la Vigilance... qui aurait pu donner naissance au mot *cocu*.

En effet, de coq on a tiré le verbe *coqueter*, pour exprimer les airs de tête, les mouvements étudiés et le ramage des poules voulant attirer l'attention et les faveurs du mâle, alors qu'elles passent et repassent gracieuses autour de lui.

De coqueter, on arrive au qualificatif *coquette*, appliqué aux femmes légères qui s'ingénient à exciter les désirs de l'homme par leurs minauderies, leurs airs langoureux, leurs regards provoquants, leurs gestes engageants et leurs paroles équivoques. Or coquette fait *cocu au masculin* et voilà pourquoi ceux qui épousent des femmes coquettes doivent s'attendre à.. l'être!

Cette interprétation paraît assez vraisemblable si l'on en juge par le couplet très significatif de ce vieux refrain.

    « Si vous prenez une fillette, coucou,
    « Méfiez-vous d'elle, coucou,
    « Car les oiseaux nichent partout.
    « Ils font leurs nids dans tous les trous.
    « Coucou, coucou, *coquette,* coucou. »

Ce qui tendrait à faire admettre cette origine, c'est que chez les Allemands, le mot qui remplace notre locution *cocu* est tiré de *hahn*, coq.

Enfin n'oublions pas de signaler que *Cogul* en Provençal signifie indistinctement *cocu* et *coucou*.

Comme on le voit, nous sommes donc autorisés à revendiquer le mot *cocu,* comme bien français d'origine, car il n'y a guère que chez les Grecs que nous ayons rencontré la racine κοκκος ayant certaine analogie avec notre locution, mais sa signification de grain, pépin, pilule est bien différente.

Et maintenant, devons-nous nous glorifier d'avoir enrichi notre langue de cette pittoresque expression ? Pourquoi pas ? Si le dialecte français est devenu le langage exclusif de la diplomatie, n'est-ce point précisément grâce à cette finesse et à cette clarté, qui lui permettent à l'occasion de remplacer un mot outrageant, par le cri euphonique, que RABELAIS fait si plaisamment carillonner dans son immortelle satire.

Ce mot de « haulte gresse, » a du reste ses quartiers de noblesse, il était admis à la cour de Louis XIV ; la prude madame de Maintenon ne craignait pas de s'en servir dans sa correspondance et madame de Sévigné l'acceptait dans sa prose aristocratique ; on le rencontre aussi dans les œuvres de St Simon et de Tallemant des Réaux.

Toutefois, de ce qui précède, n'allez pas conclure que si l'on ne trouve pas dans les autres nations de l'Europe de terme aussi heureux pour qualifier l'outrage conjugal, il y ait pour cela moins de cocus chez elles. Non, mille fois non, vous verrez plus loin que ce serait une grave erreur. Partout on rencontre des maris minotaurisés et un qualificatif pour les désigner.

Le *cocu* s'appelle en Italie *Becco* ; en Espagne *Cornudo* ; en Allemagne *Hahnrei* ; en Angleterre la locution *Cuckold* se rapproche beaucoup, il est vrai, de notre mot français, aussi Mr de Pétigny admet-il qu'il a dû y être importé par Guillaume le Conquérant qui avec son armée y aurait laissé nombre de *cocus*.

Cocu, *arga* chez les Lombards est tiré du mot grec ἀεργός, fainéant, un autre se chargeant de la besogne délaissée par le mari.

Les Romains sous la République n'eurent pas d'expression spéciale pour qualifier l'adultère de la femme, crime qui devait d'ailleurs être fort rare, si l'on en juge par la sévérité des lois de répression. Chez eux, la femme infidèle était cousue dans un sac en société d'un singe, d'un chien et d'un serpent, et jetée à la mer ; supplice atroce si l'on considère que ces animaux punis pour une faute qui n'était pas la leur, devaient être fort mal disposés pour leur compagne.

Mais sous les Césars, la licence des mœurs se répandit à tel point qu'au siècle d'Auguste, on ne faisait plus cas du cocuage ; c'est ainsi que Lucullus, César, Pompée, Antonin, Caton et bien d'autres dit Montaigne furent des cocus sans se plaindre.

Cependant l'histoire rapporte que Lépide en mourut de douleur, — quelle sottise !

Plus tard, la dépravation morale va s'accentuant, car Tacite et Suétone nous apprennent que les femmes des Sénateurs dont les débauches sont restées légendaires, pour éluder les lois de l'adultère se faisaient inscrire sur les tablettes des prostituées, avec l'autorisation de leurs maris.

POURQUOI COCU N'A-T-IL PAS DE FÉMININ ?

Laissons maintenant l'étymologie du mot cocu ; du reste cette locution se dit moins à notre époque, bien que la chose continue à se faire tout autant, mais avec plus de réserve toutefois que ne le prétend certain chansonnier affirmant impudemment que si dans Paris, on obligeait chaque cocu, cheminant de la Madeleine à la Bastille, à porter au cou des clochettes, le bruit des voitures roulant sur le pavé serait couvert par leur tintement.

N'y a-t-il pas lieu de s'étonner que *Cocu* n'ait point de *féminin*, qualifiant l'épouse victime de la même infortune ; car il faut bien le reconnaître, trop souvent les hommes prêchent d'exemple, et bien des fois leurs compagnes ne font que leur appliquer la peine du talion en mettant à exécution les menaces de Martine criant à *Sganarelle* « que les femmes ont toujours en main de quoi se venger de leurs maris. »

Mais comme il n'y a rien de plus délicat à traiter que ce sujet, j'observerai la plus prudente réserve, me contentant d'invoquer la très haute autorité du grand St Ambroise, qui demandait : « que l'on ne s'arrêtât point à la différence du sexe, dans les choses où il ne s'agit nullement de disputer des avantages du corps, mais de ceux de *l'âme qui ne reçut pas de sexe.* »

Je me garderai bien, toutefois, d'aller aussi loin qu'Alexandre Dumas, alors qu'il soutient que la femme est plus faillible que l'homme, parce qu'étant sa dernière œuvre, Dieu hésita à l'achever et qu'alors on y sent l'abandon et la fatigue.

Mais alors, la responsabilité de la femme serait atténuée, et reprocher à un homme d'être cocu serait le fait d'un sot; ne sait-on pas d'ailleurs que le *Cocuaige* est un accident dont nul ne peut se flatter d'être exempt ; au-dessus de chaque tête plane toujours la ramure cocualique.

« Tu l'es, le fus ou le pourrais être !... »

Mais à tout prendre, le cocuage a du bon; ne serait-ce que la terreur salutaire qu'il inspire à certains maris qui, dans la crainte d'avoir des collaborateurs, désertent un peu moins leur logis et sont, par suite, moins exposés à lacérer leur contrat et à enfreindre les saintes lois du mariage.

Vous le voyez, la question reste ouverte et l'on ignorera longtemps encore, je le crains, pourquoi cocu n'a pas de féminin !.. oh ! Criante injustice !..

LES CORNES, EMBLÊME ALLÉGORIQUE DU COCUAGE

Il me parait intéressant d'examiner pourquoi la légende orne de *cornes allégoriques* le front des cocus, les confinant ainsi dans cette singulière classification zoologique qui leur a valu un autre surnom, celui de *Cornards.*

Cette légende remonte à l'époque mythologique.

Des érudits y voient une tradition de l'infortune conjugale du roi Minos, dont la femme, Pasiphae, bien que reine, s'étant abandonnée à un taureau, accoucha d'un enfant cornu appelé le Minotaure — d'où vient la locution de maris *minotaurisés*, synonyme de trompés.

Nicetas, dans la vie d'Andronicus, nous apprend que ce prince suspendait aux colonnes de ses portiques, les cornes des animaux qu'il avait tués à la chasse, par allusion aux maris qu'il avait bernés.

Dans leur dictionnaire, *les révérends pères Jésuites de Trevoux*, prétendent que cet emblême fut tiré du coqueluchon, coiffure des bouffons, qui était surmontée de cornes parce que l'on accuse de folie ceux qui souffrent le libertinage de leurs femmes.

Le savant médecin Borel, pensait que cette allégorie aurait plutôt été inspirée par le bonnet de femme ou *Cornette*; c'est pourquoi, suivant cet auteur, on dit d'un mari trompé, en terme de raillerie, qu'il est *coiffé* ou qu'il *porte des cornettes*; de même que l'on prétend que la femme impérieuse qui régente par trop dans son ménage, porte la culotte. Ce dernier reproche qui autrefois était pris au figuré, n'a plus sa raison d'être, quand l'on considère quelle importance le haut-de-chausse a pris de nos jours, dans l'élégance et le confort des dessous féminins ou pour la décence du sport cycliste.

Selon l'historien Lebert, les cornes seraient devenues l'attribut des cocus, par allusion à celles du bouc impudique qui se complaît à voir saillir sa femelle par un autre, ou tout au moins la laisse faire par une dégradante indifférence.

Si l'on en croit le célèbre docteur Scaliger, on aurait auréolé de cornes le front des cocus « *quia*

gestant aliquid ignominiosum, quod gestare non putant, » parce qu'ils portent quelque chose de fâcheux dont ils ne se doutent pas.

Certes les maris bernés coiffent trop souvent la ramure symbolique sans le savoir; aussi ce croissant lunaire a-t-il été admirablement placé sur leur front, puisqu'en ce point il échappe à leur rayon visuel d'une étendue tellement restreinte d'ailleurs, que nous avons déjà signalé la myopie si étrange des cocus.

Du mot cornard est venu plus tard le geste injurieux de faire par derrière, des *cornes* aux cocus, avec les doigts disposés à cet effet.

De tout temps, les habilleurs de théâtre ont grimé les innocentes victimes du cocuage, en agrémentant leur coiffure de protubérances cornées. Les enlumineurs, les imagiers, les graveurs, les ont à l'envi satirisés en ornant leur chef de l'emblême cocualique.

Mais voici une autre version assez piquante pour être rapportée sur l'origine du mot *Cornard*; des étymologistes distingués prétendent que cette locution serait dérivée de *Cauda*, queue.

C'est de tout temps, dit le philologue LE DUCHAT, que l'on représente le Cornard (*Caudinardus,*) avec une queue de renard en guise de cravate. — C'est de là que serait venue l'expression triviale, de *faire la queue*, périphrase dénonçant la trahison conjugale.

CORPORATION DES CORNARDS — ABBÉ DES CORNARDS — FÊTE ET PROCESSION DES CORNARDS

CONFRÉRIE — BANNIÈRES — PÉLERINAGES — ABBAYES

Au moyen âge tout était prétexte à fêtes burlesques le plus souvent scandaleuses, [vestiges très probables des saturnales et des lupercales du Paganisme.

Dans ces sortes de mascarades, les danses et les chants alternaient avec les solennités religieuses, les déguisements avec les repas de famille, et, dit Mr Thiers, « on mêlait à ces dévergondages des exercices de piété pour les opposer à la colère de Dieu justement irrité. »

En ces temps d'obscurantisme, on se groupait volontiers en corporations, qui toutes avaient leur patron, leur jour de fête, leur confrérie, leurs bannières, leurs lieux de pélerinage, voire même leurs abbayes.

Vous ne serez donc point étonnés que la drolatique *institution des Cornards* n'ait point échappé à la loi commune, aussi fut-elle placée sous le vocable de *St Arnoux*.

On lit, en effet, dans le fameux *Roman de la Rose*.

« Suis-je en la Confrérie de St Arnoux,
« Seigneur des Coux. »

Cette société est si singulière dans son origine qu'elle mérite d'être tirée de l'oubli ; elle appartient à l'histoire et caractérise les mœurs de cette époque lointaine. On conjecture qu'elle fut fondée dès le XIIe Siècle. Charles VI lui octroya des lettres patentes, notre compatriote Louis XII la favorisa et Clément Marot composa nombre de ballades ou de motets à son intention.

La fête patronale des Cornards était pompeuse-

ment célébrée à Notre Dame de Bonne-Nouvelle...
(Le hasard a parfois d'amères ironies!...)

La toute puissante Église qui régentait toutes les corporations, n'eut garde d'oublier celle-ci, elle l'érigea en *Confrérie* et plaça à sa tête un *abbé* crossé et mitré, appelé *Abbé des Cornards*, « *Abbas Cornardarum,* » véritable syndic de cette association. On en parle dans plusieurs chartes et dans quelques rituels anciens et Voltaire lui-même nous en entretient dans son chapitre des *Mœurs*.

Ce n'est point du reste, à cette seule occasion que le titre d'abbé se trouve trivialement profané, car on le retrouve dans d'autres momeries bouffonnes; c'est ainsi qu'il y avait également un abbé des fous et des sots.

« Au jour de St Arnoux,
« Patron des Coux,
« On élit parmi nous
« L'abbé des fous. »

Cet abbé des Cornards, solennellement élu tous les ans, le 18 juillet, était promené en grande pompe, dans toutes les rues de la ville, monté sur un âne.

On lit dans Lebert, que la principale fonction de l'abbé, pendant le temps de sa juridiction, était: « de dire, sans miséricorde, la vérité à chacun de ceux dont le mariage lui paraissait mal assorti. »

Il ajoute que : « c'est devant l'abbé des Cornards, que l'auteur des *Arrests d'amour*, écrivain du XVme Siècle, fait plaider la cause *sur le règlement des arreraiges requis par les femmes à l'encontre de leurs maris.* »

La nature de la requête indique nettement les fonctions de l'abbé érigé en censeur public et en juge pour la circonstance.

Mais, le croiriez-vous, des *Abbayes de Cornards*, dont les plus connues étaient celles d'Evreux et d'Auxerre, furent créées et leurs fastes drolatiques sont célébrées dans une facétie de 1540.

Du Cange, dans son glossaire, nous apprend que ces fêtes burlesques finirent par dégénérer en licences tellement scandaleuses qu'elles durent être supprimées à la fin du XVIme Siècle.

L'Église, toujours en quête d'augmenter ses revenus, institua naturellement à cette occasion des *pélerinages* où les femmes allaient quémander l'absolution du gros péché de Cocuage, et laissaient une offrande.

On prétend volontiers dans les milieux scientifiques et positivistes, qu'aujourd'hui la foi s'en va, que les Dieux sont brisés, qu'un prophète même n'aurait que peu de chance d'être écouté et qu'enfin le temps des miracles est bien passé ; en tant que cocuage, ce serait à le croire, car les stations destinées à absoudre de ce mauvais cas, sont bien délaissées de nos jours.

Il faut aller jusqu'au fond de la Bretagne, ce pays des monuments druidiques, des calvaires catholiques et des robustes croyances, pour rencontrer des lieux consacrés et suivis où les pélerins du cocuage viennent solliciter l'absolution de leurs trahisons conjugales.

Si donc vous visitez cette province, n'oubliez pas de vous arrêter à *Kérouel*, près Concarneau ; vous y verrez un vieux Menhir, appelé le Men-Dogan, pierre branlante de quatre mètres de hauteur sur deux mètres et demi de largeur. Ce monument mégalithique est qualifié de *Pierre de touche de la fidélité conjugale*.

Les maris hantés de la crainte du Cocuage y conduisent leurs femmes en pélerinage : *Et*, dit la légende, *si elles ont été infidèles elles sont incapables de mouvoir le Men-Dogan*. — Ah ! le bon billet !...

A *Belle-Ile-en-mer*, vous pourrez visiter une Chapelle érigée en l'honneur de *St Marc*, sur l'emplacement du repaire d'un dragon redouté. Cette Tarasque à six têtes qui dévorait les épouses coupables fût tuée par le saint vénéré.

C'est encore aujourd'hui un lieu de pélerinage très fréquenté, d'autant mieux que les femmes n'ayant plus à redouter d'être dévorées par le monstre, y viennent très volontiers implorer le pardon de leur infidélité.

La procession des Cornards se faisait à l'issue de l'élection de l'abbé. Cette originale cérémonie constitue un curieux document rétrospectif des mœurs de l'époque du moyen âge et de la domination sacerdotale ; dans certaines villes cette solennité se confondait avec la *chevauchée de l'asne*.

Or donc, nous sommes au 15 Juillet 1566. Toutes les cloches tintent à belles volées, une foule innombrable et dévote, parée comme aux plus beaux jours de fête, accourt de toutes parts :

Le défilé commence :

S'en fuyct l'ordre et la marche d'icelui.

Premièrement marchoient devans toute la Compaignie de l'abbaye :

Quatre fergents de bataille, efleuz par les abbés de la dicte Abbaye,

Venoit fix vingt hommes, portans lances, lefquelz eftoyent tous habillez de cazaques de taffetas jaune & verd.

En après, marchoit tabourins, fiffres, trompettes, cornets & aultres inftruments fonnans avec grande mélodie.

Suivoit un petit clerc portant l'encenfoir & un aultre le livre des oraifons.

Après iceux eftoit portée la haulte croix d'argent, efcortée de diacres en furplis, & de moult petits clercs, tout de rouge habillez, la tefte ornée d'un coqueluchon jaune à deux cornes, tenans en mains des cierges jaunes, puis deux d'iceulx portans l'un l'afperfoir et l'autre l'iau bénite & tous en chœur pfalmodians un chant gai & triomphal.

A chaque carre-lieux on faifoit paufe pour ouïr l'*Invocation* répétée en litanie ; *Grand St Arnoux ! maistre des esclandres, intendant des péchés et des grands vices, suzerain du mépris, détournez de nos femmes, le philtre de Satan inspirateur de leurs méfaits ; protégez-les contre le malin, exorcisez-le et le conduisez à l'impuissance — Alleluia ! alleluia !*

Derrière iceux le porte-guidon de l'abbé, portant la *banière* dans laquelle, en foie jaune, eftoit en effigie un Sainct Arnoux & ces mots efcrits :

Vive Sainct Arnoux, patron des Coux !

Puis eftoit portée la *châsse* en bois fculpté ornée de ftatuettes dorées, laquelle contenoit les reliques du Sainct, le tout placé fous un dais portez par fix fuppofts de l'abbé, recouverts de chafubles brodées.

Venoient les fix confeillers de l'abbé, lefquels marchoient avec une modeftie excellente, portans chappe refplendiffante comme le foleil, & haultes mitres.

S'en fuit le porte-croffe de l'abbé, richement veftu puis le grand-Greffier de l'abbaye & le Thréfaurier, portans en mains, grande bource de velours jaune & violet.

Mais voici : attention !... qu'il faict bon voir ?...

S'avance avec une grandiffime majefté, le libéral *Abbé des Cornards*, richement acouftré d'un camail jaune, broché d'ors & d'argens, couvert de pierreries jetans des feux étincelans comme des améthyftes, tout femé de fonnettes d'or, coiffé d'une haulte mitre

dorée, ornée de rubis et monté fur un *bel Asne*, richement harnaché, dont la houffe eftoit peinte de verges, de cartes & de dez & qui bondiffoit de tout en hault.

Suivoient vingt lanciers, fort bien montez, ayant chacun d'eux une cazaque au couleurs du dict abbé.

S'en fuict la *compaignie des Cornards ou cornuyauds* tous habillez & veftus de jaune, coueffés de coqueluchons à longues cornes.

Après, un *fantosme* porté par quatre, dans un linceul, & lancé à terre par tous les carre-lieux & places de ville.

En après, eftoit porté fur les efpaules par quatre cornuyauds, en *chef d'œuvre de la corporation*, les *attributs de l'adultère*, emblefmes en bois doré & fculpté, compofés: *d'une lamproie accouplée avec un serpens & surmonté d'un croissant & d'un anneau brisé, le tout sur un socle de velours jaune soutenu par des brancards avec poignées en corne de cerf*.

En fuite fuyvoit un charriot, dans lequel eftoit *un martir*, un mari battu par une femme, ayant dans icelui plufieurs joueurs de rebecs, de trompes & de bouquins.

Après le charriot venoit le bagaige du dict abbé & fuivoit toute fa nobleffe, le tout qu'il failoit bon voir tant eftoient fi bien en ordre.

Arrivoit enfuite la Compaignie de la *princesse de la Lanterne*, en magiftrale démarche.

Voici; la Princeffe veftue d'une longue robe à ufage de femme, de fin fatin violet, avec parrements d'argent & femée d'eftoiles d'or, montée fur un cheval bardé, fuivye de vingt archiez de fa garde, & de fix vingt arquebouziers, ayant arquebouze de fer blanc par lefquelles eftoit lancé poudre de fon & de farine;

Suivoit le *médecin* de la dicte princeffe, efcorté de deux paiges, ayant chacun une lanterne fur la tefte.

Avançoit un coche mené par une *nymphe*, tenant en la main un baston royal, avec un fouët & deux brides donnant pour entendre que l'une des dictes brides avoit esté laschée par outre mesure à la femme, & que voyant par icelle la bride trop longue, la dicte nymphe retiroit vite l'autre bride, mais sentant icelles ne pouvoir suffire, avec le fouet dontait la femme.

Suyvoint les sages de la ville, puis les *trois supposts de l'imprimerie*, habillez de cazaques argentées & figurées avec coquilles d'argent, & portant chacun une coquille pendue au col, jouans des dictons & des quatrains dont la teneur d'un s'en suit :

> Celui qui contre nature
> Se laisse par sa femme couffier
> Mérite bien d'estre estrillé
> Souventes fois: selon la droicture.

Fermoit la marche, le *grand Prévost*, accompagné de cinquante archiers, ayant chascun la couple de pistoles à l'arçon de la selle & portans des bonnets rouges.

Défiloient ensuite toutes les aultres confrairies de la ville, toutes fières de leur sainct portoient leurs bannières & leurs étendars.

Puis courait le peuple, les gamins & les garces clamans dru & hault tous tant qui sont :

Noël! Noël! Vive sainct Arnoux, patron des Coux ! Vive l'abbé des Cornuyauds!.. Alleluia.. Alleluia..

COUTUMES ET PRIVILÈGES CONCERNANT LE COCUAGE

PÉNALITÉS — CHATIMENTS

L'intéressante confrérie des Cornards, à l'instar des autres corporations, *eut ses coutumes* et fut même *dotée de privilèges.*

C'est ainsi que suivant « *les Coutumes féodales* », la moitié des biens de l'adultère passait au Seigneur et l'autre moitié à l'époux, à moins que le Cocuage n'ait eu lieu par le consentement exprès ou par l'ordre du mari ; « ce qu'à Dieu ne plaise » dit le texte. « *De rebus et possessionibus cucutiorum, si nolentibus maritis facta sit Cucutia* ». (1)

Les mêmes coutumes octroyaient à la femme le droit de faire son mari cocu quand elle était par lui maltraitée. « *Cum vero maritus sæpe mulierem aggraverit, vel molestaverit, si ipsa cucutiatus accusata fuerit, nullo modo increpetur.* » (2)

Vous le voyez, le cocuage était pour le Seigneur, nanti déjà du droit de *Cuissage*, bien qu'en ait dit Veuillot, une source de bénéfices très appréciables, il ne pouvait donc manquer de l'encourager chez ses fidèles sujets.

Ces revenus étaient mêmes judiciairement estimés dans la vente du fief.

Une charte de 1238 porte :

Je vends ma terre du Pin avec Corvées, Chevauchages, Culages et Cocuages. *(Vendo terram meam de Pinu, et corveas, cavalcatas, culagias et cucutias.)* (3)

Raymond, Comte de Paliers, stipulait en 1305 dans son contrat de mariage :

---

(1) Vide usat. — Barcinou. — Cap. 99.
(2) Vide — Barcinou.
(3) Vide — Barcinou.

« Je prends pour femme votre fille Valentine et promets de la garder toujours à moins qu'elle ne me fasse cocu. »

Sage réserve, qui devrait encore de nos jours figurer dans tous les contrats de mariages.

Il ne sera peut-être pas sans intérêt de rappeler quels furent les *châtiments ou pénalités* appliqués à travers les âges, aux adultères. Mais comme de tout temps les hommes se sont arrogé le droit de confectionner les lois, on ne sera pas étonné que la répression ait été d'une sévérité exceptionnelle, à l'encontre des femmes, tandis que les textes sont presque toujours muets en ce qui concerne la faute des maris.

Les châtiments varièrent suivant les temps et les régions ; cruels et barbares dans certains pays, tandis que dans d'autres on se contentait de la flétrissure publique dans des cérémonies burlesques.

La loi des *Douze tables* portait la peine de mort contre l'adultère ; quiconque épousait celle que son mari avait renvoyée était considéré comme un adultère. L'Évangile nous apprend enfin que ni les fornicateurs, ni les adultères n'entreront dans le royaume du ciel.

En Egypte, selon Diodore, on tranchait le nez de la femme infidèle, mais l'homme en était quitte pour mille coups de fouet.

Les lois de *Locride*, province de l'ancienne Grèce, ordonnaient qu'on leur arrachât les deux yeux. A Athènes, Solon ne réclamait que la honte publique pour punir cette faute.

Nous avons déjà rapporté qu'à Rome, sous la République, l'épouse convaincue d'adultère était cousue dans un sac, en compagnie d'un chien, d'un singe et d'un serpent et jetée à la mer.

Plus tard au temps des Empereurs chrétiens, on se contenta de renfermer les coupables dans des Monastères.

En France, si le mari surprenait sa compagne en conversation criminelle, il pouvait la tuer et les juges lui donnaient quitus. N'en est-il pas encore ainsi de nos jours ! Toutefois l'adultère fut juridiquement poursuivi à partir du XIVme siècle, époque à laquelle par ordonnance royale on infligea des amendes et des pénalités.

Dans certaines provinces, on se bornait à raser la tête de l'infidèle, ce qui a toujours été une marque d'ignominie et de dégradation.

En Allemagne, elle était en outre, fouettée publiquement.

NOIROT, dans sa naïve et si intéressante chronique, nous rapporte que la femme qui trahissait son contrat conjugal était exhibée nue en place publique, hissée sur une pierre élevée et exposée aux risées et aux insultes de tous ; puis on la faisait asseoir à califourchon et à rebours sur un âne, dont elle devait tenir la queue entre ses mains ; on la promenait ainsi par toute la ville pour l'exposer de nouveau sur la pierre. Devenue infâme pour toute sa vie, on l'appelait « *onobatis* », c'est-à-dire « celle qui a chevauché l'âsne. »

Enfin Ste Foix nous apprend que les femmes de haut rang accusée d'adultère furent parfois tenues de nommer un champion qui attesta leur innocence en combattant pour elles.

Nous l'avons vu plus haut, l'épouse coupable fut ordinairement dépouillée de tous ses biens ; mais en Angleterre, cette mesure fut même appliquée à la veuve qui commettait la moindre faute contre la continence, cependant cette dernière pouvait racheter sa faiblesse et conserver son douaire, moyennant certaine pratique d'une singularité si grotesque que je me fais un devoir de vous la citer.

Elle devait se présenter au tribunal, assise à rebours sur un bélier noir, dont elle tenait la queue en main, et elle prononçait en anglais et à haute voix des vers, dont voici la traduction littérale :

« Me voici à cheval sur un bélier noir, digne peine d'une put... comme moi; toutes mes fredaines m'ont fait perdre mon banc(1), et pour la rémission de ma faute, je me suis soumise à cet opprobre public; c'est pourquoi je vous prie, Monsieur l'Intendant, de me rendre mes terres. » (2)

Cependant, quand les femmes étaient par trop délaissées par leur mari, oublieux du devoir conjugal, elles avaient le droit d'introduire auprès du tribunal certaines requêtes d'une nature assez délicate. Si les faits étaient démontrés, le juge n'hésitait pas à sévir contre l'époux défaillant qui était à son tour condamné à « *mener l'âsne* ».

« Ainsi sont traictez les maris qui laissent trop jeuner leurs femmes », dit PIERRE REVANNAT.

Enfin PIERRE JACOBI et GUILLAUME BUDÉ nous apprennent que le bigame était aussi frappé de pénalités qui consistaient « en l'exposition en place publique, la tête couverte d'une mître de papier, pour souffrir en cette posture *les gausseries et railleries que le passant vouldra dégorger sur cet effronté paillard.* »

(1) Douaire.
(2) Vide — Chronique de Noirot. Notes de Lebert, page 54.

ETHNOGRAPHIE DU COCUAGE — COCOMETRE

Je tiens dans ce chapitre, à attirer tout particulièrement l'attention des esprits réfléchis sur le haut intérêt que présenterait pour l'avenir des Sociétés, une étude ethnographique du Cocuage.

Bien que cette infortune soit commune en tous lieux et qu'elle se rencontre sous tous les climats, à la ville comme à la campagne, il est cependant des régions tellement éprouvées qu'il est opportun de les signaler, pour essayer d'y restreindre un fléau qui agrémente trop de têtes de maris d'une ramure fort encombrante et qui peuple quelques intérieurs, d'enfants conçus hors des prescriptions du code.

Mais, va-t-on dire, vous êtes un censeur ridicule ? — A quoi bon ce réquisitoire fulminant contre les faiblesses de notre pauvre humanité ? — Sous prétexte d'extirper le mal, ne craignez vous pas les scandales ?...

Et n'allez-vous pas compromettre les relations internationales, si heureusement rétablies ?...

Vous n'y songez pas ? et patati... et patata!...

Sornettes vous dis-je !...

Je sais bien que depuis quelque temps, nous assistons à une levée de boucliers en faveur de *l'union libre*, et que l'on veut supprimer le code civil.

Malgré ce vent de réforme qui souffle de toutes parts, je ne pense pas que les lois qui régissent le mariage et la famille soient sérieusement compromises.

Toutes les femmes sensées demandent le maintien de cette institution, qui est encore bien loin de leur apparaître comme un préjugé gothique ; elles réclament simplement une plus équitable estimation des fautes de chaque sexe ; mais si elles n'admettent plus de tolérance pour l'inconduite de l'homme, elles répugnent aux fantaisies du libre échange, et répudient les mariages à la nuit, à la quinzaine ou au mois ; enfin elles ne veulent point être plantées là pour un oui ou pour un non !

Creusez cette idée, législateurs, et gardez-vous de décréter le « concubinage universel » ; conservons la sage tradition du mariage, car si lézardée qu'elle soit, elle est encore le meilleur régime à l'abri duquel nous pouvons vivre tant bien que mal ; évitons de nous aventurer dans le pays de la chimère, à la remorque des décadents et des conceptions équivoques et démoralisatrices du théâtre réaliste.

Or c'est précisément parceque je reconnais l'excellence du mariage, la plus morale et la plus utile des institutions, que je voudrais le voir se reconstituer sur la justice, l'égalité et l'amour, par une éducation spéciale qui préparerait l'homme et la femme à leurs devoirs réciproques. Aussi ai-je pensé qu'il fallait dénoncer le mal qui le mine, pour porter le fer rouge sur la plaie qui le ronge. Je n'ai certes pas la prétention de voir disparaître complétement le cocuage, et je reconnais même que tant qu'il y aura des dramaturges et des vaudevillistes, cette indispensable pierre à aiguiser leur esprit demeurera comme une fâcheuse nécessité.

Déjà en tous pays, des recherches ethnographiques n'ont-elles pas été entreprises et à propos de questions bien moins importantes.

Voulez-vous des précédents ? — N'a-t-on pas établi des tables de mortalité, de natalité ! recensé les célibataires, les veufs, les divorcés ! n'a-t-on pas encore classé les crimes par catégories et par régions et l'on oublierait de faire figurer dans ces tableaux le cocuage ? ah ! quel impardonnable oubli !...

On va me demander où je puiserai les documents nécessaires ?

La réponse est facile ; en tous pays n'est-on pas encombré de statisticiens distingués, puisqu'ils le sont tous, je les mettrai à contribution !

Mais, plus heureux que mes devanciers, j'ai dès aujourd'hui à ma disposition l'instrument le plus merveilleux qu'il ait été donné à l'homme de manier; grâce à lui, une révolution va s'accomplir dont les conséquences sont incalculables, car elle va bouleverser de fond en comble et nos habitudes et nos mœurs.

Je veux parler du COCOMÈTRE *parleur*, découverte digne de fixer à tout jamais l'admiration des Siècles.

Le cocomètre vient d'être inventé par le commandeur CORNATO, un maître marqué par le destin et que la gloire est venue chercher.

Il faudrait avoir le talent de madame de SÉVIGNÉ et sa prodigieuse fécondité en épithètes laudatives pour vanter comme il convient cette découverte géniale, dernier cri de la science.

Cet appareil se compose de trois parties essentielles : des électro-aimants, un insufflateur destiné à diriger le courant et enfin un récepteur électrophonique.

Ce chef-d'œuvre de mécanique est d'une précision et d'une sensibilité exquise.

Son principe repose sur la découverte des phénomènes de *la radiation magnétique et sur l'extériorisation des sensations, en particulier des appétits sexuels et de ses intimes postulations, dans l'état d'hypnose.*

Ces travaux immortels dont le Cocomètre n'est que l'application, sont dûs à deux savants français, (je suis fier de vous l'annoncer), le savant directeur des études de l'une de nos grandes écoles et un illustre médecin de nos hôpitaux.

Ces investigateurs hardis, ces courageux explorateurs d'avant-garde, sont parvenus à faire surgir l'immatériel à travers l'opacité de la prison corporelle.

Tout individu plongé dans l'hypnose, devient désormais entre leurs mains un véritable automate entraîné irrésistiblement et disposé à révèler sans réticence, ses pensées les plus secrètes, les projets qu'il médite ou les actes les plus intimes qu'il a accomplis, tout en les dégageant de l'hypocrisie des conventions qui les dénature trop souvent dans l'état de veille.

L'enregistrement résulte de la transmission des ondes vibratoires dans les tissus présidant aux fonctions intellectuelles. C'est en un mot, la notation du véritable réflèxe de la pensée humaine. Le cheminement se fait par l'intermédiaire des cellules nerveuses, par un mécanisme analogue à celui de la transmission des ondes sonores, mais avec une vitesse et une précision fantastique.

Pour obtenir de tels résultats, il a fallu que le génie d'un homme reculât les limites de ce qui était autrefois intangible et qu'il arrivât à construire des appareils qui élargissent les horizons perceptibles dans des proportions invraisemblables, permettant à ces vibrations internes de se faire entendre jusqu'au dehors.

Là, des appareils récepteurs, animés par des électro-aimants, notent ces vibrations psychiques,

Le cocomètre est, en un mot, un électrophone sans fils apparents, et l'oreille placée contre la plaque réceptrice perçoit les confessions véridiques, provoquées dans le sommeil hypnotique, puis en adjoignant à l'appareil un phonographe, on pourra conserver ces confessions comme on le fait pour des airs d'opéra et au besoin les répéter d'une façon perceptible et bien distincte, autant qu'il conviendra pour l'édification des intéressés, même les plus sourds. Enfin le cocomètre n'a qu'un inconvénient, c'est d'être plus indiscret que polichinelle, mais tant pis pour les infidèles.

Et qu'y a-t-il d'invraisemblable, le téléphone ne permet-il pas d'entendre une conversation tenue même à voix basse entre Paris et Marseille; or la différence avec le cocomètre parleur consiste uniquement en ce que l'un reproduit la parole volontaire et l'autre celle qui est provoquée par l'hypnotisme.

L'inventeur du Cocomètre l'a présenté à l'Institut et il a tellement émerveillé les membres de la docte compagnie, que dans un accès d'enthousiasme bien rare dans la vie de ce corps savant, il lui a décerné la plus haute récompense.

Jusque là sceptique par tempérament et par profession, j'avais par prudence, réservé mon opinion; mais après ces expériences si concluantes, je suis obligé de déclarer que le doute n'a pas raison d'être, les faits annoncés étant rigoureusement exacts.

Cette curieuse découverte s'applique indistinctement aux deux sexes, son fonctionnement ne peut être facilement expliqué sur le papier, quelques minutes d'expérience en apprendront bien davantage; aussi je me propose de vous convoquer prochainement à une séance publique où vous pourrez tour à tour, mes chers camarades, servir de sujet si vous le désirez.

Je sais bien que beaucoup vont sourire d'incrédulité, mais il est aisé de confondre les détracteurs ; savent-ils ce qu'est l'Électricité ! Je les mets au défi d'en donner une définition qui contente un esprit sagace, et bien que toutes les théories admises jusqu'ici n'en expliquent pas l'origine, tous ses phénomènes merveilleux en sont-ils moins palpables et puissants et encore qu'ils déroutent l'imagination, ne les utilisons-nous pas ! — Voyez le télégraphe, le téléphone, le kinétoscope, le phonographe, les moteurs électriques et les appareils qui servent à mesurer et à distribuer l'énergie électrique et à transporter cette force à distance, tous ces instruments ne sont-ils pas en train de conquérir le monde.

Du reste le corps humain ne sera bientôt plus qu'une lanterne éclairée à l'électricité. Hé ! — Hé ! — savez-vous bien mes frères, que cette extraordinaire découverte de Rœntgen, à certains points de vue, est fort inquiétante…. par ses révélations !

Ne cherchons donc pas à expliquer l'inexplicable ; inclinons-nous ! car nier les faits, n'est-ce pas le plus grand déréglement de l'esprit, a dit Bossuet ; c'est imiter ces ignorants qui ont osé opposer les anciens à Pascal, qu'ils ont du reste conspué sans l'entendre.

Aussi, sans plus m'attarder je poursuis mes recherches ethnographiques. Si donc l'on dresse au Cocomètre, pour chaque nation d'Europe, la statistique des infortunes conjugales, il appert que c'est l'Allemand qui détient le record du Cocuage. — Je suis heureux de vous l'apprendre. — Il a contre lui sept probabilités d'être trompé.

A vrai dire, son avance n'est pas très considérable, car ce n'est même pas d'une longueur qu'il bat le Belge qui marque 6, 8 au tableau.

L'Anglais arrive bon troisième avec cinq chances, mais bien nettes et sans fraction.

Le Hollandais avec quatre.

L'Autrichien est plus favorisé, on lui en accorde une demie pardessus le marché.

En Suède et en Norvège, peu d'enthousiasme pour le cocuage, deux éventualités par tête.

Mais qui le croirait, en Italie, malgré les séductions d'une race féminine d'une idéale beauté, les excitations d'un ciel ardent et les complicités d'un climat voluptueux, on s'en tient à 1,8. C'est qu'apparemment les lazzaroni sont encore plus paresseux que gourmands.

En France, on ne court guère qu'un seul risque d'être cocu, mais quand on l'est, on l'est bien et cela suffit pour charmer toute une existence.

Les Espagnols tombent à 875 millièmes et les Portugais sont encore audessous.

Avec les Grecs, les Serbes et les Bosniens, on arrive à des fractions de plus en plus négligeables.

Je me suis abstenu d'aller cocomètrer en Russie à cause des excellentes relations diplomatiques que nous entretenons avec cette nation très sincère amie de la France.

Il semblerait ressortir de cette étude que grâce au cocomètre nous voici devant des résultats imprévus et qui vont faire naître bien des controverses; combien de solutions que nous croyons acquises vont être remises en problème, à savoir que ce ne sont pas les pays chauds qui éveillent le plus les instincts de la concupiscence.

Toujours est-il que l'humanité à la veille de franchir le seuil d'un nouveau siècle connaît désormais son devoir, grâce à cette statistique.

Le fera-t-elle ? — Voilà toute la question ! — Si j'avais eu l'ambition de devenir législateur, j'aurais voulu attacher mon nom à la vulgarisation du *Cocomètre parleur* et j'en aurais réclamé l'installation dans chaque Mairie.

Avant de procéder à l'affichage des bans, l'Officier d'État Civil le mettrait à la disposition des futurs conjoints et après expérience chacun des intéressés dûment renseigné se marierait à bon escient.

On ne verrait plus alors de ces condamnables supercheries ou de ces étranges marchandages pour mettre en plus grande valeur un capital, très réel souvent, mais parfois absent et d'autres fois plus ou moins hypothéqué.

L'on supprimerait ainsi d'emblée *le cocu avant la lettre.*

Je n'hésite pas à avancer que le *Cocomètre* deviendra avant peu le plus précieux auxiliaire de la justice, avec lui plus d'erreurs judiciaires, car on obtiendra sans difficulté les confessions des criminels les plus récalcitrants ; ce serait même un jeu d'enfant de faire avouer aux Concussionnaires panamistes le quorum des pots de vin par eux touchés.

Quel progrès ! — Les longueurs de la prévention, les lenteurs de l'instruction et l'exagération des frais de justice seront du même coup diminués.

Ah ce sera la gloire de cette fin du XIXme siècle, d'avoir enfanté une pareille conception et un jour l'on appellera notre époque *le Siècle du Cocomètre* et on le donnera en exemple aux générations futures à côté des Siècles d'Auguste, de Louis XIV, de la vapeur et de l'électricité.

PSYCHOLOGIE
ANTHROPOMÉTRIE ET PHYSIOGNOMONIE
DU COCUAGE

UNE CONSULTATION SUR UN CAS CURIEUX DE PRÉDESTINATION

Ah ! ce sont de curieuses et attachantes figures que celles des Cocus ; leur valeur physique et morale, leur état d'âme, cette dominante de leur personnalité cachée, ne saurait trop attirer l'attention des psychologues.

Le cocuage est un de ces malheurs déconcertants qui déroute parfois l'analyse la plus savante car la jeunesse, les grâces, le talent, voire même la richesse n'en sauraient toujours défendre la tête d'un mari qui se voit trop souvent préférer un sot, un déclassé, un laid et parfois même un vieux si l'on en croit cet épigramme publié dès 1656.

> Admirez le malheur des gens
> Que le cocuage tourmente ;
> Un homme de soixante ans
> A fait un cocu de quarante ;
> Cela prouve évidemment
> Qu'un mari vaut moins qn'un amant

Mais y a-t-il vraiment lieu de s'étonner qu'il y ait de nos jours si peu de ménages bien assortis alors que la plupart des unions sont baclées tellement à la légère, que l'on se marie dans l'ignorance de la femme et de l'amour.

Bien souvent même le consentement n'a été obtenu que par surprise et les deux contractants ne peuvent savoir si des incompatibilités physiques ou morales ne vont pas se heurter et des répulsions se produire.

On se marie — question d'affaires — égoïsme de la vie.

Qu'ont alors de commun de telles unions avec l'amour !

Je ne suis pas de ceux qui estiment qu'une créature mariée sous de tels auspices soit irrévocablement liée par un sacrement ou par un article du code.

Le divorce par consentement mutuel dans ce cas m'apparaît comme la seule solution convenable ; établissons le donc d'urgence, mais pour Dieu, ne l'octroyons plus comme prime à l'infidélité.

Toutefois, s'il est vrai comme la science l'affirme, que tout ici bas n'est qu'illusion de sens n'espérons pas dans le mariage atteindre le bonheur parfait, y rencontrer un roman d'amour ou y réaliser dans l'oisiveté nos illusions et nos rêves, ayons tout au contraire les yeux toujours tournés vers la porte par où peuvent s'échapper ces aimables songes qui ne sauraient nourrir.

Gardons-nous bien surtout de nous créer un idéal trop élevé de l'amour ; passion éphémère de l'âme même pour un délicat, et mensonge sensuel pour un libertin.

Si donc vous tenez à garder toutes vos illusions sur ce sentiment, mes jeunes camarades, loin de vous marier, restez vierges comme Jésus-Christ, Pascal ou Newton,

Dans notre société moderne à l'individualisme féroce et aux luttes inexorables fuyons aussi les besoins que crée le luxe exagéré et le désir immodéré de paraître, ces chimères absurdes qui détruisent fatalement l'harmonie des ménages.

La tranquillité conjugale dépend presque uniquement de l'association de deux efforts et de la courageuse acceptation de la vie avec ses joies d'ailleurs bien rares et ses mécomptes trop fréquents.

Certes, je n'ai point la prétention d'avoir découvert *l'esprit nouveau* et je n'entreprends point de refaire l'âme et l'humanité ; j'estime même qu'il y aura toujours des fatalités et des faiblesses qui échapperont à toute responsabilité ; mais je tiens pour certain que seul le travail, pour l'un et l'autre sexe, est le modérateur suprême qui règle et pacifie les consciences.

Associons donc nos femmes à nos labeurs, par ces liens de solidarité et d'étroite camaraderie, elles perdront une partie de leurs instincts de frivolité et de leur nervosisme ; puis demandons leur de nous donner, comme l'a si bien dit la sœur de François Ier

« Un peu d'amour qui faict l'homme eftre joyeulx. »

Depuis longtemps l'*Anthropométrie* aurait dû s'attacher à nous déchiffrer l'alphabet physiognomonique du cocuage puis à nous dessiner le Schéma de la tête du cocu ou du prédestiné, pour nous en dénoncer les déformations typiques.

Cette science s'est laissée précéder dans cette voie par ce bon public qui, l'a-t-on dit, a parfois plus de jugement que M. de Voltaire.

La silhouette de ces infortunés a en effet un cachet tellement spécial, que le peuple, sans hésitation, a coutume de dire en parlant d'une *prédestiné* : voilà un *cocu en herbe*, puis d'un mari notoirement convaincu d'être berné : *Il en avait bien la tête.*

Les stigmates du cocuage sont même à ce point apparents et persistants que Montaigne n'a pas craint d'affirmer que « La cornardise est indélébile » et que La Rochefoucauld en ses maximes réédite la même opinion en disant : « La Cornardise a un caractère qui ne s'efface jamais. »

Et maintenant ! — le mal cocualique est-il contagieux ? — Serait-il héréditaire ?

Je me garderai bien de l'affirmer n'en ayant point la preuve.

Est-il l'acte d'un microbe ? — Je l'ignore ! — Mais vous ne tarderez point à être fixés sur ce point, car la question est à l'étude et si elle venait à être résolue en ce sens, attendez-vous à voir lancer un sérum spécifique extrait du Coucou et particulièrement bienfaisant pour son inventeur.

Ces recherches sont impérieusement réclamées par les familles, dont elles assureront la tranquillité, en permettant d'inviter ceux de leurs membres qui sont exposés au *péril jaune* à ne pas se fourvoyer dans les liens de l'hyménée. — A ceux-là nous conseillerons de répondre par la négative à la question que se posait sans cesse et si plaisamment Panurge : —

Me marierai-je ? — Ne me marierai-je point ? —

Mais enfin dites-nous le sans détour : est-on dès aujourd'hui scientifiquement en mesure de reconnaître la *prédestination au Cocuage*?...

Assurément ! — Car tout homme porte en soi par quelque indice physique la révélation de son être intime, quelque vieux et délabré même que soit l'édifice.

C'est la *Physiognomonie expérimentale*, la science des localisations des facultés, cette branche toute nouvelle de la physiologie, qui a établi le lien étroit entre l'extérieur et l'intérieur, le visible et l'invisible.

Il ne s'agit plus de vagues conceptions ou des vues chimériques de l'esprit des Phrénologues d'autrefois, mais bien de déductions logiques, de recherches basées sur l'expérimentation.

De la forme du cerveau fidèlement reproduite par le crâne, qui n'en est qu'un moulage extériorisé chargé de soutenir et de renforcer les méninges, cette science a déduit les dispositions psychiques et sensorielles de l'individu.

Elle nous a d'abord démontré que la vie intellectuelle dans son ensemble : idées, volonté, mémoire, langage, etc., a son siège dans la substance grise des couches corticales du cerveau, puisque des localisations pour chaque faculté s'y rencontrent.

C'est ainsi que la parole émane de la troisième circonvolution frontale antérieure de l'hémisphère gauche ; partant si pour une cause quelconque cette région vient à mal se développer, si ses cellules viennent à dégénérer ou si elles subissent une compression accidentelle, le langage sera troublé, diminué ou supprimé.

Elle nous a encore prouvé que l'œil, ce véritable miroir de la pensée, en décèle l'activité et qu'il n'est lui-même qu'un promontoire avancé du cerveau poussé jusqu'au dehors.

Elle nous a même appris que le cervelet, bien que relégué à la base du crâne, est cependant le vrai centre génital, chargé d'assurer la perpétuité de l'espèce, en même temps qu'il préside aux fonctions de la locomotion, etc.

Enfin ces études nous ont aussi donné l'exacte signification des traits du visage, en nous faisant connaître que la forme de la bouche, des mâchoires, des dents, du menton, du nez, des arcades sourcillières et que même la couleur des cheveux réfléchissent les instincts de la vie animale.

Dès lors, d'un cerveau régulièrement organisé, dépend le jeu normal et la bonne coordination des facultés ; des irrégularités de structure, des asymétries ou des altérations de cet organe résultent des perversions, des interversions, des exaltations ou des amoindrissements de facultés ou d'instincts ressortissant aux localisations modifiées.

Aussi dès aujourd'hui, est-il possible par une étude

approfondie des formes extérieures de l'homme, de dégager sa morale et sa philosophie, comme il est aisé de démasquer ses passions ou ses instincts pervers. Voilà comment nous avons maintenant la raison de ces élans passionnels, de ces caprices déconcertants ou de ces folies stupides qui autrefois mettaient en déroute la froide analyse.

Mais à quoi bon insister, n'est-il pas évident que Platon a dû concevoir sa philosophie dans un cerveau autrement organisé que celui d'un crétin de Bicêtre, et que Rubens a dû enfanter ses chefs-d'œuvres sous un crâne autrement conformé que celui d'un barbouilleur de campagne.

Connaissant mes études sur ce point, un de mes amis, fort perplexe, car il allait convoler en justes nopces, est venu me consulter sur sa destinée conjugale.

Il était temps, car les cadeaux étaient faits, les bagues échangées, les bans publiés et ma foi la fiancée était fort avenante ! — Bien lui en a pris !

Hélas ! après l'avoir longuement examiné, taté, mensuré et après avoir consciencieusement étudié ses refléxes, je dus lui déclarer que je reconnaissais en lui les dispositions les plus fâcheuses et les plus certaines au cocuage ; — qu'en conséquence il devait chercher l'oubli des joies conjugales qu'il avait cru entrevoir.

Par un scrupule de conscience, dont il m'a su gré, j'ai tenu à ce qu'il palpât lui-même le volume exagéré de certaine protubérance d'où relève l'*Egoïsme*, cette maladie bien moderne, qualifiée d'hypertrophie du moi ; puis de telle autre d'où dépend l'*Infatuation* cette confiance par trop exagérée en soi, qui porte l'homme à croire que toutes les femmes sont éprises de lui.

J'ai voulu également qu'il constatât le développement absolument insolite de cette circonvolution d'où procède la *concupiscence charnelle ou convoitise de la femme.*

Cette anomalie des plus extravagantes m'a dénoncé chez lui, des appétits sexuels absolument insatiables, ne dérivant en aucune façon des aspirations élevées du cœur mais d'une grossière impulsion organique des sens.

De tels sentiments sont à ce point incompatibles avec toute affection durable, qu'ils ne portent à considérer la femme que comme un instrument de plaisir bon à rejeter après emploi; avec un tel état d'âme on ne saurait devenir amoureux, car les femmes préservent toujours de la femme.

Du reste une autre circonvolution, toute aussi indiscrète, m'a démasqué ses tendances à ne rechercher ses relations que dans un monde facile et révélé que ses conquêtes, ajoutées à tant d'autres, se font à la hussarde et peut être sous la hantise d'une corruption nouvelle à savourer.

Fort intéressé par son cas si étrange, je n'hésitai pas pour mieux étudier ses réflexes, à le mettre en présence d'une jeune fille; je pus alors remarquer avec quelle instantanéité il est frappé du coup de foudre et avec quelle spontanéité s'éveillent ses désirs de luxure, brusquement ses yeux s'illuminent et projettent des lueurs phosphorescentes, ses mâchoires se convulsent en d'étranges tressaillements et tout comme un ataxique, frappé d'incoordination de mouvements, il ne peut demeurer en place et est invinciblement propulsé en avant vers le sujet d'expérience.

La région occipitale, siège de la protubérance de la *philogéniture*, cette force mystérieuse qui crée l'homme et en perpétue l'espèce, est particulièrement atrophiée chez lui, ce qui démontre le peu de cas qu'il attache à se créer une descendance.

Mais comme moi, il fut littéralement frappé de stupeur et je crus même qu'il allait défaillir, quand il reconnut un affaissement absolument déplorable de la région cérébrale où se localisent les couches destinées à l'*amativité conjugale*, nous les trouvâmes et déprimées et desséchées, au point qu'à peine en aurait-on fait sourdre un zeste d'amour !

Je dus encore lui faire remarquer que ses talons étaient larges, ses jambes épaisses, que son nez est busqué et fort, que sa barbe est drue et dure, qu'enfin son corps est entièrement velu, tous signes corroborant ses instinctils et irrémédiables penchants à la luxure extra-conjugale.

Ainsi documenté, et n'ayant d'autre souci que celui de la vérité poursuivie, je formulai mon avis en ces termes :

Mon cher ami,

« Votre crâne est moyen, d'un type romain très accusé, bien que mâtiné de Sarrasin. Pour vous et le
« public votre tête paraît régulière exempte d'ano
« malies, détrompez-vous, car elle présente des caractères absolument exceptionnels ; aussi avec de
« telles dispositions, vous ne sauriez trop vous garder
« du mariage, qui ne vous réserve que des rancœurs
« et des déboires cornés.

« L'amour, cette poésie des sens, ce noble sentiment de l'âme, tant de fois idéalisé vous sera à tout
« jamais inconnu.

« Il est remplacé chez vous par une simple sensation organique, cette impulsion fonctionnelle qui
« n'est que le vulgaire reflèxe du contact de deux
« épidermes, dont a si bien parlé Chamfort.

« Vous allez en acquérir la preuve par la compa-
« raison de votre cas avec celui de Napoléon 1er. Il
« est bien entendu que c'est en ce seul point que je
« veuille établir un parallèle entre ce grand capitaine
« et vous.

« Tenez voici une reproduction exacte de son crâne
« moulé à Ste-Hélène par le Docteur Antomarchi.

« Considérez-le, vous y remarquerez des anoma-
« lies absolument identiques aux vôtres — palpez
« cette bosse, elle indique une complète interversion
« du sens génésique.

« Autocrate comme vous, ce conquérant professait
« le plus souverain mépris pour toutes les femmes,
« ce qui ne l'a pas empêché de recevoir les capitula-
« tions d'une jolie théorie de beautés, de tout âge,
« de toute condition et de toute nationalité.

« La femme, se plaisait-il à répéter dans ses sophis-
« mes monstrueux, est d'essence inférieure, elle est
« de race féline, frivole, coquette, astucieuse, bavar-
« de, têtue et querelleuse à faire battre la Ste-Vierge
« avec St-Joseph; mariée elle oublie tout pour l'amant,
« son foyer, ses enfants, ses propres intérêts ; devant
« un coup de nerf, elle n'hésite pas à briser non seule-
« ment la vie de son mari, mais celle de tous les siens.

« Avec un organisme incomplet, elle est sans per-
« sonnalité; n'ayant qu'un cerveau d'enfant, ses idées
« sont sans suite et ne sont d'ordinaire que le pâle et
« servile reflet de celles du dernier écouté; pasticheuse
« et envieuse par tempérament, elle est toute à son
« miroir et à sa coquetterie puérile, car elle veut être
« regardée, aussi rien de naturel chez elle, pas même
« son langage, dont les expressions et les intonations
« sont savamment étudiées et voulues suivant la gale-
« rie; jalouse de ses amies, dans sa traîtrise, elle les har-

« cèle de compliments et de paroles aimables presque
« tendres, pendant qu'à la dérobée, elle les toise, les
examine, les détaille et les compare pour les criti-
« quer et les déchirer ensuite à belles dents; enfin ses
« toilettes exagérées et extravagantes atteignent chez
« certaines des richesses inouïes, jusque dans leurs
« dessous inconvenants et cantharidés.

« Avec de telles dispositions, les femmes ne sau-
« raient être aujourd'hui qu'un jouet pour la luxure
« masculine, car tout au plus sont-elles encore bonnes
« à faire des enfants pour les besoins de l'armée, et
« pourtant elles ne sont venues au monde que pour
« cela.

« Ah ! si les Françaises savaient par patriotisme
« accepter la maternité, combien elles se grandiraient,
« car de leur fécondité seule dépend la grandeur et
« le relèvement de la patrie.

« Tenez ! RABELAIS avait bien raison quand il fait
« dire au docteur RONDIBILIS, dans ses dissertations
« sur les imperfections de la femme, que : « La nature
« en la forgeant a pensé plus à la délectation de l'hom-
« me et à la perpétuité de l'espèce qu'à l'individuale
« muliébrité. »

« Ecoutez encore cet autre de ses paradoxes favoris:
« Avec sa perversité diabolique, la femme hait le
« génie, le talent et la gloire, peu lui importe d'a-
« moindrir la valeur d'un homme pour lequel elle
« tient à être tout, même sans limite d'âge.

« Avec son éternel et stupide esprit de contradic-
« tion, expression habituelle de son défaut de juge-
« ment, elle harcèle sans trêve celui qu'elle croit aimer
« et ne sait même pas le ménager, peu lui importe
« de le blesser de le déconsidérer ou de l'annihiler.

« Les meilleurs parmi les hommes ne furent-ils pas
« torturés, puis trahis par elle : voyez XANTIPPE, ne

« s'est-elle pas acharnée comme une furie après So-
« crate, qu'elle couvrait d'injures et aussi d'immon
« dices ; si c'est la Fornarina, dans sa sensualité tou-
« jours inassouvie, elle épuise Raphael et le fait périr
« en des nuits d'amour ; La Béjard, cette inepte mé-
« gère, trompe bassement Molière qui essaye d'en rire
« et en meurt de chagrin ; et cette de Stael, tous les
« Français savent à quel mobile, en sa jalousie rouge,
« a obéi cette laideur, qui n'ayant pu, malgré sa ruse
« dans l'art de séduire, arriver à ses fins avec moi, en
« devint traître à son pays et ma plus implacable
« adversaire ».

« Il serait peut-être piquant de savoir ce qu'aurait
« pu ajouter à ce réquisitoire fulminant, l'*Ogre de
« Corse*, s'il se fut douté qu'il était lui même, une
« des gloires de la grande confrérie.

« En effet, ce féroce contempteur de la femme fut
« le plus cocu des Empereurs, car il le devint dans
« ses deux ménages.

« La tendre et populaire Joséphine et l'altière ar-
« chiduchesse Marie-Louise, se sont tour à tour em-
« pressées d'ajouter à son panache, un emblème d'un
« tout autre genre, mais qui n'avait rien d'impérial.

« Du reste comme vous le savez, ce tyran fut
« un être profondément immoral, après avoir été
« adultère incestueux, il voulut tout comme un
« Louis XV, avoir son parc aux cerfs dans l'Institu-
« tion, dirigée par Mme Campans.

« Mais ne restons pas sous la pénible impression
« que nous causent les diatribes de Bonaparte, dans
« son aveuglement, il n'avait pu concevoir que si la
« force de l'homme réside dans la puissance de sa
« pensée et dans sa résistance au travail, celle de la
« femme est faite, tout au contraire, de douceur, de
« sentiment, de désintéressement et de ces longs dé-

« vouements qui la transfigurent souvent en la plus
« parfaite des amies.

« Permettez-moi de vous rapporter un touchant
« épisode que rehaussera à vos yeux le mérite de ces
« victimes des outrages du despote.

« Chateaubriand vieilli, blanchi, désabusé, con-
« tracta sur les derniers temps de sa vie une liaison
« avec une toute jeune femme éprise de son talent.
« Ils allaient secrètement dîner dans un petit restau-
« rant proche du jardin des Plantes, là sa jeune amie,
« loin d'abuser de l'empire de sa jeunesse et de sa
« beauté, pour exiger de l'illustre écrivain des
« prouesses par trop amoureuses, se contentait bien
« souvent de l'écouter avec vénération, et quand il se
« taisait elle lui récitait des passages d'Attala, des
« Martyrs et de l'Itinéraire, tandis que Chateau-
« briand reconnaissant pleurait de gratitude envers
« celle qui se consacrait à lui donner l'illusion d'un
« si noble idéal de l'amour.

« Que voulez-vous, mon cher ami, ce n'est point
« votre faute, mais celle des temps, vous appartenez
« à une jeunesse desséchée et névrosée, ennuyée et
« sans élan, découragée avant l'effort, déçue avant la
« déception et quoique cela orgueilleuse, sceptique
« et férocement égoïste dans son cœur stérilisé.

« Mais quoi! Grands Dieux! j'aperçois encore deux
« éminences singulièrement développées et qui cepen-
« dant m'avaient échappé, ce sont celles du *soupçon*
« et de la *jalousie*, elles achèvent de me faire redou-
« ter de vous voir passer outre au mariage, car
« hanté de ces tyranniques sentiments, vous de-
« viendrez *difficile* et *brutal* et je m'imagine qu'un
« beau jour, votre épouse à la fin, lassée de son mar-
« tyr conjugal, honteuse de son asservissement à
« vos fantaisies intolérables, finira par se révolter.

« Ce faisant, elle vous plantera là, mais seulement
« après vous avoir abominablement coiffé de ce que
« vous savez bien ; surtout, gardez-vous de la retenir,
« car, alors, adieu le maître!

« En effet, je vous le dis en toute vérité et sans
« métaphore, si d'aventure il lui prenait fantaisie de
« prendre le taureau par les cornes, vous seriez
« *battu* et déjà *cocu*, reste à savoir si pour parfaire la
« célèbre trilogie, vous seriez *content*. »

Alors mon ami, touché jusqu'aux larmes de ma sincérité, partit jurant bien haut de garder un prudent célibat.

Depuis, j'ai appris qu'il avait fidèlement observé son serment, et que comme par le passé il continue à traîner sa mélancolie de noctambule ennuyé dans tous les lieux de plaisir.

Mais quand certains soirs, ses sens débordants de trop chaudes effluves le forcent à courir l'aiguillette, il s'adresse à quelque jeune trottin ou à quelques petites bouquetières, gamines aussi précoces que perverses, ou bien il répond aux appels désespérés des demoiselles hospitalières, qui avec leurs caducités maquillées, lui promettent quand même le paradis en passant.

Enfin pour charmer ses loisirs, il fait partie de toutes les sociétés d'encouragement au bien, distribue des prix de vertu et couronne des rosières.

DES PRINCIPAUX CAS DE COCUAGE

De cette monographie il ressort que le cocuage a son histoire et qu'il a eu ses historiens ; mais la plupart des auteurs ne se sont point attachés à préciser les conditions sociales, morales et physiques, qui paraissent plus particulièrement favoriser la faillite conjugale.

Balzac seul, dans *sa Physiologie du mariage*, a abordé ce délicat problème, mais il me paraît pousser trop loin le pessimisme, quand il écrit que « le cocuage est un malheur absolument fatal pour certains, comme la goutte pour le riche, la santé pour le pauvre, la surdité pour les gouvernants et la paralysie pour les fonctionnaires. »

Certes, j'accorde que certains caprices du sort, que quelques professions ou que des dispositions intellectuelles et physiques particulières, sont des facteurs dangereux avec lesquels il faut compter ; aussi allons nous essayer d'énumérer sommairement les causes prédisposantes au péril jaune.

Parmi les cas notoires, signalons tout d'abord *l'absence*. Les absents ont toujours tort dit un vieil adage. En tant que cocuage, c'est une vérité, car ceux que leurs fonctions ou leurs affaires attirent et retiennent périodiquement au dehors sont presque fatalement destinés à être couronnés.

Dans cette catégorie nous rencontrons même les personnages *les plus considérables*, ce sont : les Ministres qui s'épuisent à diriger le char de l'État toujours embourbé dans les sentiers fangeux de la politique, — les Sénateurs aussi chauves que conservateurs qui somnolent doucement tout le jour dans leur maison de retraite du Luxembourg, — les Députés désireux d'améliorer les lois qui régissent le contrat conjugal, contrat qu'ils s'empressent du reste de violer pendant la durée des sessions, — les Généraux et les Officiers supérieurs qui bien qu'habitués à mener leurs soldats à la baguette ne peuvent cependant obtenir l'obéissance de leurs épouses, — les hauts Fonctionnaires bien plus préoccupés de résister aux Ministres que de surveiller leurs intérieurs, — les Magistrats assis, ah ! ce sont dit-on ceux-là qui portent avec le plus de dignité la bannière de la confrérie, — enfin les gros Financiers pour qui l'argent tient lieu de tout.

Dans la catégorie des *inoffensifs* nous distinguerons : les Académiciens peinant sur le fameux dictionnaire, — les Astronomes qui découvrent des taches dans la lune et des canaux dans Mars, mais qui ne voient pas ceux par où leur honneur conjugal s'échappe, — les Savants qui épient la nature, — les Entomologistes pour qui les mœurs des insectes n'ont pas de secrets, — les Universitaires qui déjeûnent d'un chœur de SOPHOCLE et dînent d'un épigramme de MARTIAL, — les Mathématiciens cherchant la solution d'une équation, — les Poètes qui riment à la lune et enfin les Philosophes qui prétendent que tout doit arriver.

Pour ces intéressantes victimes nous réclamons toute votre bienveillante indulgence, en effet de tels hommes, qui vivent par l'esprit, ne sauraient porter une attention soutenue aux mesquines questions de la vie pratique ; d'ailleurs la plupart des savants sont dédaigneux des besoins d'amour, parceque leurs profondes études endorment et éteignent leurs sens ; de tout temps il a été reconnu que la cote de leur virilité est d'une faiblesse déplorable, circonstance très atténuante, pour les nombreuses capitulations de leurs femmes.

Parmi *les dangereux*, nous signalerons : les jaloux qui veillent la nuit pour défendre leur bien, mais s'endorment le jour, les brouillons, les tatillons, les distraits qui rentrent sans prévenir et surtout sans frapper. A ceux là, il est de toute justice de réserver un blâme.

Les plus *favorisés du Cocuage* sont sans contredit les fonctionnaires et les employés subalternes, qui bien souvent lui doivent leur avancement et les joueurs heureux qui accueillent l'outrage avec joie comme un porte-veine.

La *classe des vaniteux* comprend : cette longue série de Georges Dandin qui, pour se faire plus d'honneur, vantent à tout propos les mérites de leurs femmes, et détaillent avec complaisance, devant leurs amis, leurs charmes secrets ; enfin les Jocrisses qui fiers de leurs épouses, les affichent en toute compagnie et en tous lieux, leur versant ainsi eux-mêmes, le poison qui pervertit l'âme et corrompt l'être.

Je ne vous oublie pas, o maris, sans revenus, qui tenez néanmoins à paraître, en faisant de vos femmes des arbitres de toutes les élégances, écoutez ce que De Cailly pense de vous :

« Femme d'un bon mari qui soir et matin dort,
« Phillis ne jouit pas d'un revenu bien fort ;
« Tous les jours cependant on lui voit des dentelles,
« Des habits, des bijoux, des parures nouvelles,
« Du sort de cet époux, voici le vrai tableau :
« Si madame *le porte beau*,
« C'est que monsieur *les porte belles*.

L'argent est en effet pour la femme assoiffée de luxe et de coquetterie le corrupteur qui l'avilit et la conduira au krack de sa vertu.

Dans l'interminable théorie des *minces personnages*, citons : le pêcheur à la ligne, — le chasseur enragé, — le marin en voyage, — le militaire en campagne, — le territorial aux grandes manœuvres et les époux des madames Benoiton toujours en flirt, au bois, aux five o'clock, au bal ou aux premières ou qui filent la bicyclette pendant qu'ils vont à pied.

A ces prédestinés ajoutons: les valétudinaires, ceux qui sont atteints de surdité génitale, — ceux qui épousent des jeunes filles avides d'inconnu, passionnées d'idéal ou des doctoresses, qui planant dans des sphères trop élevées, ne sauraient s'occuper des menus détails de la maison.

Plaignons ceux qui s'allient avec des femmes maigres incomprises et surtout névrosées, dont la veulerie se complaît à la recherche d'émotions nouvelles, car l'oisiveté est mère de luxure, — ceux dont les compagnes dans le désarroi de leurs pensées aimant à être plaintes vont trop volontiers consulter avocats ou confesseurs.

Indiquons encore comme très exposés au cocuage: les ratés, — les quinteux, — les avares, — ceux qui digèrent mal et ceux qui lisent à table, — les maris qui ronflent et ceux qui engraissent, — enfin les imprudents qui appointent sans réserve au début du mariage et les névropathes qui tout au contraire affichant le mépris des sens, veulent s'en tenir à l'amour mystique.

Mais nous nous garderons bien de parler de ces maris qu'aucun outrage n'offense, cyniques greluchons, qui dans leur abjection morale, osent se vanter de vivre du déshonneur de leurs femmes, affirmant qu'il fait toujours bon prendre l'argent qui vient à propos et sans peine, augmenter l'aisance compromise du ménage.

J'allais vous passer braves Gérontes, qui voulez malgré votre sénilité, épouser des fillettes ! Avant de contracter mariage, je vous engage à relire, trente jours de suite, avec autant de recueillement que le prêtre en apporte à dire son bréviaire, ce passage du chanoine Béroalde de Vierville. Ce pieux personnage s'étant attaché à comparer les mœurs des poules à celles de la femme, en a tiré des déductions excellentes, en même temps qu'un calembour de haut goût pour un ecclésiastique.

« Sitôt que le coq est usé, les poules le chassent
« et battent et n'en veulent plus, et en admettent
« d'autres plus vigoureux et meilleurs.

« Ainsi sont les femmes en leurs actions et désirs,
« tellement que leurs maris étant usés, ou les esti-
« mant tels, elles vont à d'autres ; parquoi leurs sages
« amies, les avertissant de leur salut, leur disent :
« Comment ! — pauvre femme ! — ma mie ! — votre
« mari est donc coq usé !

« Et ce mot venant à être commun, on a dit sim-
« plement coqu ! »

INFLUENCE DE LA DANSE SUR LE COCUAGE

Epoux affligés du mal cocualique, je ne voudrais pas trop éveiller de remords en vos âmes, mais n'avez-vous pas un peu contribué à votre propre infortune.

Combien en ai-je rencontré qui, avec une confiance inexplicable, conduisaient au bal leurs épouses orgueilleuses de leur nu, si bas décolletées, que l'on pourrait dire qu'elles étaient peut-être habillées mais non vêtues ; inconvenance convenable du reste dans le monde des salons, puis qui toute la nuit les abandonnent aux soins de cavaliers, jeunes, beaux, insinuants et riches, pour se livrer, enlacées dans leurs bras, aux plaisirs « innocents » de la danse ou aux autres élégantes excitations du bal.

Saint François de Sales, « dans sa vie dévote » affirme pourtant, qu'il en est de la danse comme des champignons, dont les meilleurs présentent encore des dangers.

Je n'entends point parler ici des quadrilles naturalistes de ce siècle finissant, leur lasciveté est par trop répugnante, je me bornerai à vous entretenir de la *valse* ce plaisir select des salons à la mode.

Il n'y a pas à barguigner, la valse dans son corps à corps, ne consiste pas uniquement à tournoyer et à agiter en cadence les bras et les jambes ; dans ce plaisir il faut surtout compter avec la mystérieuse attraction du sexe.

Ces étreintes indiscrètes, ces enlacements de bustes à pleins bras, ces serrements de mains, ces entrecroisements de jambes, cette poitrine nue aux seins découverts, où plonge indiscrètement les regards du cavalier, cette respiration au souffle ardent et grisant comme un parfum, cette bouche sensuelle, provoquant le baiser, ces yeux alanguis trahissant l'ivresse du plaisir, tout chez la valseuse à demi pâmée, appelle le désir et allumant d'une façon irrésistible la fièvre des sens, provoque les ardeurs sexuelles, qui permettent de dire que la femme en cet instant appartient par tout son être à son vis-à-vis.

Tenez, maris naïfs, je n'ai jamais pu vous regarder sans compassion, alors que devant vous, votre compagne se donne ainsi, et qu'impassible vous restez à contempler ses grâces triomphantes, dont un autre jouit.

LE COCUAGE ET L'ÉGOISME MASCULIN

Ah! messieurs les Maris, il faudrait un Juvénal pour flageller comme il convient, votre *égoïsme sexuel*, cette cause la plus fréquente des rancœurs de vos femmes.

Ce point est fort délicat à traiter, mais après tout, cette causerie n'est point faite à l'usage des pensionnats de demoiselles et j'arrive à un âge ou même sans que ce soit en latin, on a acquis le droit de tout dire, pourvu que le but soit louable.

L'homme considère trop souvent l'acte conjugal comme un privilège à son profit exclusif.

Aussi quand certains soirs, il aborde la « causerie conjugale » il se presse et se hâte d'arriver à la conclusion, laissant en pleine expansion et la tête pleine d'églogues son épouse anéantie mais inassouvie (*lassata sed non satiata*)

Etonnez-vous donc que si d'aventure un Roméo, trousseur de cotillon, vient à roucouler sous les fenêtres des victimes de tels égoïsmes, il les trouve toutes grandes ouvertes.

Dès 1573, le célèbre Ambroise Paré s'était ému de ce grave oubli dans le devoir d'époux, il en saisit le péril et voilà comment pour y parer, il indique en fort bons termes d'ailleurs, dans *son chapitre des relations conjugales*, la conduite à tenir.

« L'homme eftant couché avec fa compagne et espouse la doit d'abord careffer, s'il trouvait qu'elle fut dure à l'efperon; & le cultiveur n'entrera en le champ de nature humaine à l'eſtourdy, ſans que premièrement n'ait faict ſes approches, afin qu'elle prenne volonté & appétit d'habiter & de faire une petite créature de Dieu, & que les deux ſemences puiſſent ſe rencontrer enſemble ; car aucunes femmes ne ſont ſi promptes à ce jeu que les hommes. »

Déjà le célèbre Amyot avait conseillé à certains hommes chez lesquels dit-il « Vénus se morfond sans la compagnie de Cérès et Bacchus, de prendre du vin avec tempérament, car aultrement ils restent lasches à l'acte de la génération et ne sèment rien qui vaille et qui soit de bonne trempe pour bien engendrer. »

Seul, un prélude savant, dans une extase fugitive comme l'éclair ou les époux sont en leur dualité étroitement enlacés, permet de réaliser l'accord des désirs et des voluptés.

Après avoir entendu ces intéressants préceptes que vous mettrez à profit, en considérant les félicités intimes et les garanties de fidélité qu'ils vous réservent, gardez-vous bien comme ces ignorants, d'aller répéter à tout propos que la médecine est la dernière superstition de notre époque.

INDULGENCE RÉCLAMÉE EN FAVEUR DES COCUS

Si nous avons eu le devoir pénible de dénoncer quelques unes des causes d'ailleurs si multiples du Cocuage, nous ne saurions trop instamment réclamer l'indulgence et la pitié pour les infortunées victimes des hasards du ménage.

Abandonnons désormais tous commentaires ridicules, tous sarcasmes grossiers et n'assaillons plus de quolibets d'un goût douteux, des hommes qui ne les méritent pas toujours, la charité à leur égard nous est même commandée par la prudence, car qui peut se flatter, à moins de rester veuf ou célibataire d'être toujours exempt du même dommage.

Souvenons-nous du proverbe:

Hodie illi—cras tibi.

Quant à vous, gens mariés, le doute ne saurait trop hanter votre esprit, car si j'en crois Jean Richepin les plus solennelles affirmations de vos compagnes ne sauraient vous donner que des garanties fort médiocres.

Je vais du reste le prier de nous réciter sa stance célèbre sur la sincérité de la femme:

« Que dit la pâquerette,
« — Un peu — beaucoup — et s'arrête
« Avec passionnément ; -
« Mais c'est une fleur, et dame !
« Une fleur n'est qu'une femme ;
« Peut-être bien qu'elle *ment* !

Ecoutez encore une autre thèse mais du temps jadis. « Les petites filles babillent, les fillettes jacassent, les demoiselles bavardent, les mamans causent, les grand'mères racontent, les vieilles filles barbottent, les vieilles femmes radottent *mais toutes mentent.*

Qu'en dites vous?

Poussière de mes illusions! je ne pourrai jamais croire les femmes capables de pareille félonie.

OPINION DES MORALISTES

SUR LA CONDUITE A TENIR EN CAS DE COCUAGE

Dans cette vie qu'il faut porter à deux, si à la fin, las de son calvaire conjugal, le cocu se révolte, s'il se venge, le cocu a-t-il raison ?

Tel est le problème qui, de tout temps, a divisé les Moralistes, les Sociologues, les Législateurs et plus particulièrement les Magistrats.

Les solutions préconisées se ressentent de cette incertitude, quelques unes sont nettement tragiques, par contre, le plus grand nombre sont empreintes d'une philosophie si douce qu'elle confine au scepticisme.

Dans cette alternative, il est prudent de laisser à celui, dont la tête vient à se nimber de l'auréole cornée, le choix suivant son tempérament, de la résolution à adopter.

Toutefois, j'oserai émettre une opinion touchant le mystère passionnel; la femme avec son instinctive curiosité, son désir d'aventure et d'inconnu qui exaltent ses sens et donnent à sa faute un attrait spécial en la transformant en héroïne de roman, trompera de préférence celui dont elle a à redouter un châtiment impitoyable ; pourquoi trahirait-elle un mari débonnaire, résigné ou indifférent, n'étant point piquée par l'aiguillon de la lutte, elle dédaigne des amours calmes qui ne seraient, avec un amant sans entrain, que la réédition de son ménage.

Du reste, je me garderai bien de faire un plaidoyer en faveur des hommes, car peu méritent l'indulgence; certes, il en est quelques uns à la vertu austère qui rêvent et recherchent, en se mariant une affinité idéale entre eux et leurs compagnes; mais il faut bien le reconnaître, beaucoup oublient que leur jeunesse, à l'endroit des femmes, a été peu contenue et ils voudraient quand même qu'un ange descende sur la terre pour les aimer; d'autres, en entrant en ménage, exigent de leurs épouses une pureté et une fidélité absolues, alors qu'ils se réservent une liberté complète, et sans même attendre la lune rousse, ils s'empressent de transformer la charte conjugale en une véritable dentelle.

Mais voici le terrible Alexandre Dumas, ce père prodigue de conseils, qui lance un jour au mari de l'épouse adultère, l'apostrophe fameuse :

« Tue-là ! — C'est la guenon du pays de Nod — ! »

et le lendemain, avec la versatilité qui lui était familière, il se déjugeait en lui disant :

« Pardonne-lui, car c'est ta faute encore plus que la sienne. »

Le bonhomme La Fontaine dans sa morale fort élastique estime que :

« Quand on le sait, c'est peu de chose,
« Quand on l'ignore, ce n'est rien. »

ailleurs il ajoute :

« Mieux vaut tout prisé,
« Cornes gagner, que perdre ses oreilles! »

ou bien encore il se contente de réclamer la discrétion :

« Le bruit est pour le fat, la plainte est pour le sot,
« L'homme d'esprit trompé, s'éloigne et ne dit mot. »

Alexandre Weil se garde de jeter la réprobation sur l'adultère.

« De quel droit un homme se venge-t-il d'une

« femme qui ne l'aime plus ; est-ce parce qu'elle l'a
« aimé. »

J'ignore l'auteur de ce curieux précepte :

« Je suis fort à plaindre quand je contemple mon
« infortune, mais je le suis bien peu quand je la
« compare à celle de tant d'autres. »

Quelles étranges contradictions, aussi, à moins que la lumière d'en haut, qui descend sur nous à ses heures ne vienne à m'éclairer, je me garderai bien de confondre toutes les femmes dans le même anathème et de pousser aux solutions dramatiques. Rappelons-nous même qu'un mot d'esprit dit à propos a suffi parfois à punir de telles fautes.

Le Maréchal de RICHELIEU surprend un jour sa femme en train de le coiffer de l'arc fatal. — Tu Dieu ! — Madame ! — fermez au moins votre porte ! Si un autre que moi fut entré, vous étiez déshonorée ?

Une épouse outragée par sa femme de chambre la chasse en disant : — Partez, — ce que vous faites ici, ma fille, je saurai bien le faire !

Supprimons, si vous voulez m'en croire, le poignard et le revolver, et remplaçons-le par l'esprit, l'indulgence ou le divorce.

Mais n'espérons pas trop réformer les mœurs car je crois même qu'aucune croisade contre le cocuage ne réussira. Il n'est pas besoin de plus longs commentaires pour démontrer que la convoitise de la femme fut et sera de tous les temps; la faute n'en serait-elle point à la lubricité de nos grands ancêtres qui furent les *Singes*, s'il faut en croire certains savants ? aussi avec un pareil atavisme, comment les hommes, même avec les plus salutaires leçons, arriveront-ils à se garantir de l'horrible péché.

Nous sommes conduits à penser avec PASSERAT que tant qu'il y aura des femmes sur terre, on verra des

hommes métamorphosés en coucous, tant que la pomme ne sera pas moisie on y mordra ; le désir de changement et la mystérieuse attraction du sexe étant lois de la nature.

Pour résister aux charmes captivants de certaines créatures et aux tentations qu'elles nous offrent, il faudrait que les hommes deviennent parfaits ou que notre planète soit exclusivement peuplée de Cénobites impassibles et méprisants devant l'Eve et comme Saint-Antoine incapables de lui céder dans leur frigidité marmoréenne.

Mais alors ce serait la disparition du genre humain.

En créant la femme si belle, en en faisant une Sirène aussi séduisante, Dieu savait bien ce qu'il voulait. — Que ses desseins soient accomplis !

www.ingramcontent.com/pod-product-compliance
Lightning Source LLC
LaVergne TN
LVHW022114080426
835511LV00007B/803